Une passion pour le Y

DU MÊME AUTEUR

Le présent infini s'arrête, P.O.L, 2015

Mary Dorsan

Une passion pour le Y

P.O.L
33, rue Saint-André-des-Arts, Paris 6^{e}

ISBN : 978-2-8180-4458-2
www.pol-editeur.com

« L'homme est lien et lieu écrits. »

« Il a, quelquefois, usurpé mon nom ;
mais je ne suis pas cet homme ;
car cet homme écrit
et l'écrivain n'est personne. »

« Quelle différence y a-t-il entre choisir et être choisi lorsque nous ne pouvons faire autrement que nous soumettre au choix ? »

Edmond Jabès, *Le Livre des questions*

1.

– J’ai une passion pour le Y.

– Une passion pour le Y ?

– Oui, pour le Y.

– Pourquoi le Y ?

– Parce que c’est la plus belle lettre de l’alphabet, elle est debout et lève ses bras vers le ciel.

Ils sont assis dans une cour intérieure. L’homme aux cheveux noirs, aux yeux noirs, et la femme à la peau claire, aux yeux verts.

2.

– Vous savez que le Y est la seule voyelle de l'alphabet français qui ne prend aucun accent ?

– Je n'y avais jamais pensé…

– Vous n'y aviez jamais pensé ?

– Non…

– Pourtant seul le Y ne prend pas d'accent grave, aigu ou circonflexe. Moi, j'ai un accent. Je viens d'ailleurs. On le sait dès que j'ouvre la bouche. On sait d'où je viens à cause de mon accent. Et de ma peau et de mes cheveux. On sait tout de suite que je suis né de l'autre côté de la Méditerranée. De cette mer-là.

– …

– Je voudrais être sans accent.

– Comme le Y…

– Oui, comme le Y.

L'homme est assis sur une chaise métallique de couleur vive. Il est habillé de noir. Entièrement. La lettre Y est toujours noire dans le roman ou dans le poème, pense la femme. L'homme croise et décroise ses jambes sans arrêt. La femme pourrait y voir des X mais elle s'est avancée jusqu'à la lettre suivante, transportée par ses bras levés vers l'infini.

Les jambes se balancent sans cesse, elles semblent courir, seules, dans l'espace, détachées de leur propriétaire ; il est, lui, immobile sur la chaise, le tronc fixe. Scindé. La femme en est déchirée ; impuissante, elle assiste à une fuite statique.

La femme se fait la réflexion qu'elle aussi, elle parle avec un accent. Il vient de l'autre côté d'une autre mer : la Manche. On commente souvent ses inflexions, on observe que son accent est joli, charmant. Mais son accent à lui, c'est une autre paire de manches, se dit-elle.

3.

La femme regarde l'homme. Il tient une cigarette entre ses doigts. Ses doigts tremblent. Il oublie de fumer. La cigarette se consume. L'homme jette le mégot et referme ses mains, cependant il écarte, à chaque extrémité de son poing, petit doigt et pouce.

La femme fixe les mains hâlées. Ses yeux verts posent une question muette à l'homme aux yeux noirs.

Il répond.

– C'est la lettre Y en langue française des signes.

– …

Elle se sent réduite au silence.

– Vous ne le saviez pas ?

– Non.

– Vous êtes surprise ?

– Oui.

– Pourtant, je vous l'ai dit, j'ai une passion pour le Y.

4.

– Yacht-zythum, yakitori-yuppie, yakuza-yucca, yapock-yttrium, yatagan-ysopet, yawl-ypréau, yearling-ypérite, yersinia-yoyo.

Il sourit. Ses dents sont très blanches. Ses gencives, décolorées par endroits, paraissent tachées de gris.

Il attend, toujours souriant.

– Vous ne savez pas ce que je viens de faire ?

– Non.

– Je viens de faire un yoyo.

– Un yoyo ?

– Oui !

– …

– Dans le dictionnaire, à la lettre Y, je choisis un mot en haut de la liste alphabétique de tous les mots qui commencent par cette lettre et un mot tout en bas. Avec eux, je forme un couple d'opposés. Cette fois, mon premier couple est « yacht-zythum ». Ensuite je compose ma seconde paire d'opposés. Selon la même méthode. Ça donne « yakitori-yuppie ». Et ainsi de suite. Jusqu'à ce que je me retrouve, si je le veux, avec deux mots qui se suivent l'un après l'autre dans l'une des colonnes des pages du Y. Par exemple, yéti et yeuse ou yoga et yogi.

– …

– Cette association de noms accolés dans le dictionnaire crée l'immobilité.

– …

– Je ne reproduis jamais exactement le même yoyo.

– …

– Et là, j'ai arrêté son balancement par un indice pour vous.

– …

– Le mot yoyo. Et je l'ai associé au mot yersinia, « un genre de bactéries dont une espèce provoque la peste ».

Pendant qu'il parle, il croise et décroise ses jambes, elles s'emballent dans un mouvement de balancier hors de contrôle tandis que ses mains font le signe Y dans une langue sans sonorité.

Lorsqu'elle est rentrée chez elle en fin de journée, la femme a ouvert le dictionnaire et cherché la signification des mots inconnus.

Elle voudrait comprendre son langage – déjà elle doute qu'un dictionnaire ou un manuel va l'aider. Quels livres, quelles œuvres pourraient l'aider ?

5.

– Je vous donnerai les perles, vous ferez le collier.

Ils sont assis à la même table de style bistrot, carrée aux bords arrondis, rouge. Personne n'est installé aux autres tables disposées sous trois arbres, des acacias. Tout autour d'eux, les chaises sont vides aussi. Au fond de la cour, un banc. De chaque côté, deux rosiers plantés dans de grands bacs en bois contre un mur, celui d'un immeuble de plusieurs étages. La façade, grisâtre, est fissurée par des éclairs noirs. Deux autres murs, plus bas, de briques blanches et orangées, se fendent de hautes fenêtres étroites sans balcon. Le long de la rue, une clôture opaque en aluminium noir et son portail : une grille noire. Le sol est recouvert de gravier qui brille après la pluie. Autour des tables et des chaises multicolores, des mégots détrempés se mêlent aux petits cailloux roulés.

Quand l'homme parle, le risque apparaît : le monde tout autour, les autres, le temps, tout cela pourrait disparaître. Alors elle s'attache aux cailloux, les sépare les uns des autres, les isole par leur couleur – il y a les blancs, les gris, les bruns, les ocres, ceux qui sont mats, ceux qui étincellent, les plus gros, les plus petits. Elle considère les feuilles des acacias, elle détache chaque ovale, elle les divise nettement, les délimite chacun leur tour, les dissocie. Elle ne considère pas l'ensemble mais le détail. Elle s'agrippe à l'infime car l'ensemble vacille.

Pendant ce temps la ville éclate aussi, au loin, presque sans bruit.

6.

– À quoi pensent les hommes ?

– …

– À ce qu'ils entendent ? À la télévision, à la radio ? À ce que leur disent leur famille, leurs amis, leurs voisins ?

– …

– À ce qu'ils voient ? Aux objets exposés dans les vitrines, devant lesquels ils passent ? Aux arbres dans les champs, au ciel qui écrase l'horizon s'ils habitent à la campagne ? Aux nuages s'ils voyagent en avion ? Aux mouvements des vagues s'ils sont en mer ?

– Sûrement…

– De quoi est faite leur conversation intérieure ?

La femme attend une réponse de l'homme aux yeux brûlants. Il est vêtu de chaussures noires, d'un jean noir et d'une chemise noire. Soudain, il se dresse. Il est debout, mince, les bras levés, écartés, une lettre noire et vivante sur une page de gravier.

– Je dis que j'ai une passion pour le Y. Je dis que quand je suis seul, je ne pense qu'au Y. Alors je sais avec certitude que ce que je pense n'appartient qu'à moi, parce que je suis sûr que je suis le seul à me préoccuper d'une seule lettre. Personne d'autre ne partage cette obsession.

Il se rassoit brusquement.

– Vous êtes sûre, vous, d'avoir des pensées qui n'appartiennent qu'à vous, qui se distinguent radicalement de celles des autres ? Est-ce que vous savez, vous, d'où viennent vos pensées ? Êtes-vous sûre que vos pensées sont bien les vôtres ? Êtes-vous sûre d'être vous ?

7.

– Est-ce que vos yeux sont vrais ?

– Pardon ?

– Est-ce que vos yeux sont vrais ?

– Que voulez-vous dire ?

– Vos yeux, ils sont verts. Est-ce qu'ils sont vrais ou est-ce que vous portez des lentilles de contact ?

Initialement, elle n'avait pas donné ce sens à la question. Bien au contraire, elle avait imaginé qu'il doutait de son authenticité. Alors elle s'était recroquevillée, éloignée.

– Je ne porte pas de lentilles, je n'en ai jamais porté, je ne pourrais pas mettre un corps étranger dans mes yeux.

Est-elle fausse ou est-elle vraie, se demande-t-elle en regardant la nuit dans les yeux de l'homme.

– Mes yeux sont vrais.

Elle reprend l'expression de l'homme. Est-il inquiété par la couleur de ses yeux? Le vert de ses yeux lui a toujours paru taché : du bleu mélangé à du jaune plutôt qu'un vert pur – c'est la sale impression que lui renvoient tous les miroirs.

8.

Le jour s'est cassé comme du verre sur le gravier de la cour intérieure : le soleil brille sur les pierres humides après l'averse. Des étangs d'eau luisent sur les tables métalliques. La femme cherche le reflet tremblant des briques, des branches et des feuilles à leur surface. Ensemble, en même temps, l'homme et la femme penchent les chaises en avant : l'eau s'écoule laissant le métal presque sec. Ils s'assoient.

– Quand je ne veux pas écouter les autres, quand je ne veux pas que leurs paroles m'influencent, je lutte avec le Y.

– Vous luttez avec le Y ?

– Oui, je fais des phrases avec des Y. Par exemple, je me dis : « je n'y comprends rien », « je n'y mettrai pas les pieds », « je n'y souscris pas ». Ce sont mes phrases négatives. J'ai aussi mes phrases positives : « j'y vois des inconvénients », « j'y remarque des contradictions », « j'y reconnais le mal ».

Les yeux noirs se plissent.

– Le Y est mon ange gardien.

Les yeux verts cillent.

– Vous ne me croyez pas ?

Elle ne sait pas quoi répondre.

– Pourtant, ça se voit : les bras du Y séparent le Bien du Mal.

9.

À sa droite et à la perpendiculaire du haut mur grisâtre se trouve la grille d'entrée de la cour. Un type grand et mince en très long manteau noir pousse brutalement la grille aux barreaux noirs si resserrés que l'on ne voit pas la rue de l'autre côté. Ça grince. Et ça claque déjà comme une menace. Et ça continue de résonner entre les murs de la cour intérieure à la façon d'un avertissement. Le type crisse à chaque pas. Exagérément : il abat ses grosses chaussures sur le sol comme s'il savait, lui, qu'autre chose était tapi entre les gravillons, quelque chose d'obscur et de pernicieux, une infiltration dangereuse dissimulée entre les cailloux, qu'il faudrait impérativement broyer à chaque fois qu'il poserait le pied par terre.

– Lui, il m'inquiète, c'est le V de son nom. Le V est une lettre vénéneuse, un ravin, un précipice. On peut tomber au fond du V, on risque de ne plus pouvoir en sortir. Vincent me fait peur.

Les yeux verts et les yeux noirs suivent la silhouette qui longe le mur foncé aux éclairs plus sombres encore. Elle balance ses épaules en marchant à grands pas, elle ondule dans un long manteau noir. Déterminée, elle se dirige vers le banc et s'assoit, seule, au milieu; elle occupe le territoire, diffuse et propage sa colère dans l'atmosphère. Le type s'incline, appuie ses coudes sur ses genoux écartés et triture son briquet. Pendant un long moment, fasciné, il contemple la flamme qu'il fait apparaître et disparaître. Puis il tend son bras vers le rosier à sa droite, arrache une feuille de l'arbuste pour la rapprocher du feu entre ses doigts : la feuille s'embrase. Son bras s'allonge vers le rosier à sa gauche, il saisit une brindille et la place au-dessus du briquet : la flamme recouvre le bois mort et le brûle. Le type garde la brindille entre ses doigts le plus longtemps possible puis la laisse tomber à ses pieds. Alors il relève la tête et fixe l'homme et la femme assis sur les chaises jaune et bleue. Soudain, il se redresse et vient vers eux.

Il est tout près, debout, énorme, surdimensionné : démultiplié par la fureur et la haine qui déforment son visage. Ses mâchoires sont tendues, ses lèvres sont des traits, de fines lames de rasoir coupantes. Mais de métallique, il devient progressivement pierreux : d'abord son menton semble une avancée rocheuse, puis son corps tout entier se désarticule, il est un éboulis détaché d'une paroi minérale et c'est la dureté d'un bloc de pierres qui s'érige face à eux – cependant étrangement fragmenté et animé de parole.

– Qu'est-ce que vous avez à me regarder ?

Vincent est debout près de leur table rouge mais il crie :

– Qu'est-ce que vous me voulez ?

Haine et terreur se mêlent et se tordent dans son cri. L'homme et la femme baissent les yeux.

– Ça ne vous suffit pas que dans mon quartier, au coin de chaque bâtiment, il y ait des mecs qui m'attendent en tenant des couteaux ? Ce matin, j'ai vu des poignards, des katanas et des sabres à tous les coins de rue !

Poings fermés, Vincent vocifère en agitant ses bras, en pliant ses genoux. Il avance sa tête vers eux en écarquillant ses yeux dilatés. Les yeux grandissent, grossissent au fond de ses orbites. La femme jette un coup d'œil furtif dans sa direction, elle voit au bout de ses bras et dans ses yeux des boulets de canon prêts à détoner.

Il mugit :

– Ils m'ont racketté, ils m'ont volé, ils m'ont pris tout l'argent que j'avais ! Je n'ai plus rien ! Rien ! Il ne me reste rien !

Un silence affreux suit l'éclat. Une nouvelle salve accuse, l'offensé rugit :

– Qu'est-ce que vous faites pour moi, ici ?

Les iris noirs et verts s'immergent dans la contemplation attentive du métal laqué. Neutre, impassible. Ils se raccrochent à la couleur rouge. Malgré tout, la femme aperçoit les bras écartés et les mains de Vincent, maintenant ouvertes comme des fourches.

– Ici, on me donne du poison ! On m'empoisonne avec des cachets et on m'intoxique avec des injections ! Il y a du venin de scorpion dans vos seringues, je le sais ! Vous m'infectez avec vos piqûres !

Il referme ses mains. Les poings fermés maintenant, il est comme armé de grenades ; il hurle et postillonne :

– Vous voulez me tuer !

Il beugle :

– Je vous tuerai avant !

Sa voix guerrière résonne dans la cour intérieure, elle rebondit contre les murs et s'amplifie. Mais personne ne vient.

Personne ne vient à la rescousse.

Vincent s'éloigne pour asséner un coup de pied dans le tronc de l'acacia le plus proche. Il recommence. À présent il semble vouloir aplatir, écraser une bête sur l'écorce de l'arbre. Son visage est défiguré par la haine – il n'anéantit pas seulement un insecte, se dit la femme. Qui voudrait-il annihiler ? se demande-t-elle. Enfin, il rabat le pied à terre, pivote et revient vers les deux autres en fixant l'homme qui est resté assis. Son regard est si menaçant que la femme, pourtant sidérée l'instant d'avant, bondit et s'interpose entre l'homme debout et l'homme assis. Car Vincent a déjà frappé Juan la semaine dernière et Kofi la semaine d'avant. Elle ne veut pas que ça se reproduise.

Mais l'homme aux cheveux noirs ouvre son paquet de cigarettes et le tend à Vincent. Vincent grogne un merci qui les défie et s'empare de l'avant-dernière cigarette du paquet, puis regagne le banc. Au dos du manteau de drap noir qui l'enveloppe jusqu'aux chevilles, se détache, au niveau de ses omoplates, le mot VÊTEMENT en lettres blanches.

– Vous voyez, le Y est mon ange gardien, ses bras sont ses ailes, ils me recouvrent. Je suis protégé par cette lettre.

Les yeux noirs sont doux, sa voix est douce. Il prend sa dernière cigarette et dépose le paquet vide sur la table carrée aux coins ronds, à côté d'une flaque brillante où se débat un moucheron. Il allume la cigarette. Ses mains tremblent.

La femme à la peau claire tremble aussi et son cœur bat si fort qu'il semble avoir rempli son corps tout entier, elle l'entend dans ses oreilles, elle le sent dans son crâne et jusque dans ses pieds lourdement ancrés au sol. Ses jambes sont des colonnes de ciment. Enfin, elle décolle ses semelles du gravier, recule de quelques pas et se rassoit en espérant que Vincent ne reviendra pas, qu'il partira, que les autres sortiront les rejoindre dans la cour, boire un café, lire le journal, bavarder, fumer. Qu'ils viendront diluer toute cette noirceur. Elle se dit qu'ils devraient rentrer, se mettre à l'abri, mais ils restent là, vissés à leur chaise, engourdis par la brusque éclosion de violence qui les étourdit encore.

L'insecte dans l'eau ne bouge plus, il flotte, inerte, dans la lumière. Le silence est absolu. La femme relève la tête vers les feuilles jaunies des acacias qui se découpent contre le ciel bleu et réalise soudain qu'elle n'a jamais vu d'oiseau dans les arbres de cette cour intérieure. Ni de fleur sur les rosiers. Elle courbe les épaules : une brise fait frémir les ailes du moucheron dans la flaque de pluie et un nuage de tabac gris passe au-dessus de lui. Elle respire l'odeur de la cigarette à pleins poumons, sans dégoût, juste pour se remplir.

– Merci pour la Terre et les hommes, souffle l'homme assis, posant sa main sur le bras de la femme.

Elle regarde cette main à la peau hâlée, cette main si petite, curieusement petite, à la peau douce, comme celle d'un tout-petit, comme si la menotte était restée dans l'enfance. La femme se sent subitement mère de plusieurs enfants. Ça se fendille dans son cœur, ça se fissure dans son âme et la tristesse déferle. Pour lui et tous ceux qui souffrent comme lui.

10.

Vincent a fini sa cigarette, il regarde longuement le mégot qu'il pince toujours entre son pouce et son index, le balance enfin puis, subitement, se propulse en avant. Il oblique aussitôt vers le portail, il se précipite vers la sortie en faisant à nouveau grincer horriblement chacun de ses pas dans le gravier – non, il ne broie pas uniquement les cailloux. Son long et ample manteau noir flotte autour de lui : le tyran semble ne plus posséder de corps, il n'est plus qu'un spectre noir, despotique, qui s'éloigne à vive allure. Il fait claquer la grille. Le bruit est assourdissant, l'écho persistant.

Un silence choqué perdure dans la cour intérieure. Que brise enfin l'homme à la peau hâlée.

– Vous avez vu le mot sur son manteau ?

La femme à la peau claire revoit le mot VÊTEMENT en lettres capitales blanches.

– « Vêtement » : le V te ment. Le Y ne ment pas. Il est divin. Mais je ne dois pas en dire plus. Je ne veux pas vous faire peur.

Les yeux noirs se cramponnent aux yeux verts : le regard est intense mais il n'effraie pas la femme – elle attend.

– Je me fais peur. J'ai peur de moi. J'ai peur de mes pensées, j'ai peur de qui je suis, j'ai peur du Mal que je pourrais faire. J'ai si peur.

L'homme se déplie, il tremble. Il s'écarte de la table – tendu, agité, il ne peut pas rester en place : il avance, il recule. Ses bras s'écartent et se rapprochent de ses flancs ; sa tête dodeline, elle avance et elle recule ; ses mains tressaillent, ses doigts dansent ; il les replie, forme la lettre Y en langage des signes, lève ses bras, resserre ses jambes. Dressé, à l'arrêt, il devient la lettre qu'il préfère, la lettre qui est son repère. Il relâche cette position. Les mouvements de son corps s'apaisent. Il se rassoit.

Une fois rassis, sur sa chaise, son torse reprend un lent balancement d'avant en arrière. Il écarte doucement ses bras, agités de discrètes saccades.

– Je dois être le Y pour retrouver mon calme.

Il s'oriente vers la femme et pose un regard attendri, presque affectueux, dans les yeux verts.

– Je suis amoureux de Yaëlle. Elle ne veut pas que je me batte. Je ne suis pas violent. Elle le sait.

11.

– Regardez mes ongles, comme ils sont courts. Je ne suis pas né comme ça. J'ai été victime des pires atrocités, je vais vous épargner, je ne vais pas tout vous raconter. Je vais juste vous dire que quand j'étais petit, on m'a coupé le bout des doigts.

Dans la cacophonie du réfectoire, la femme examine les doigts, les ongles de l'homme. Oui, ils sont très courts, étrangement courts peut-être. Elle inspecte les mains de l'homme : est-il possible qu'on lui ait coupé le bout des doigts ?

– Vous ne me croyez pas ?

L'homme remue sur sa chaise, le visage tourné vers la femme.

– C’est difficile à croire mais on m’a coupé le bout des doigts quand j’étais enfant. J’avais huit ans.

Elle essaie de se représenter son voisin de table, l’adulte, en gamin de huit ans.

– Petit, j’ai été abandonné et puis sauvé et puis adopté et puis mal-aimé et de nouveau abandonné. J’ai été bringuebalé d’un pays à l’autre et puis je me suis retrouvé ici.

Les objets immédiats. Se concentrer sur eux. Une fourchette, un couteau, une petite cuillère, un verre d’eau, une serviette. Au milieu, une assiette de lasagnes. Se concentrer sur l’environnement immédiat, le reste n’est pas. Utile ou inutile. Ce qu’elle pense de l’ambiance du lieu, de toute description. Important ou vain. Venin. Elle ne sait plus. Tout de même, au centre : une portion de lasagnes industrielles sur une assiette blanche.

– J’ai le cœur brisé. Je ne peux pas mettre ça dans ma bouche, ça ne passera pas.

Il jaillit de la chaise, maigre, toujours vêtu de noir : baskets, jean, chemise. Elle voit sa vie en tissu noir. Elle l'observe déposant son assiette et ses couverts sur le chariot du réfectoire. Il revient s'asseoir.

À leur table, nonchalant, Mathieu les étudie.

– Tu lui as dit ce que tu as fait ?

– Qu'est-ce que tu veux dire ?

– T'as raconté à ton ange gardien ce que t'as fait, mec ? Je vous ai espionnés, je vous ai vus hier, oui, vous, dehors, dans la cour intérieure, entre Vincent et lui. Alors, tu lui as raconté que t'as foutu le feu à ton studio ? Que t'aurais pu faire cramer tout l'immeuble ? Parce que tu croyais qu'il y avait le diable chez toi ?

12.

– Oui, j'ai mis le feu chez moi, j'avais si froid.

Et l'homme aux yeux noirs élève ses bras au-dessus de la table et expose ses mains à des flammes invisibles qui brûleraient devant lui comme s'il voulait ou pouvait s'y réchauffer.

– Je n'ai pas eu d'enfance, je n'ai eu que de la souffrance, je n'ai reçu que de la haine et de la violence de ceux qui se sont appelés mes parents. De ceux qui m'ont créé et abandonné. Après, de ceux qui m'ont recueilli, adopté et ensuite abandonné aussi.

L'homme frissonne, il parle comme s'il était seul, perdu dans les tourbillons de l'hiver et de la neige. Les mots glacés s'échappent de ses lèvres et transpercent la femme. Les quatre murs, les tableaux suspendus, tous les autres qui sont attablés autour d'eux n'existent pas pour lui.

– Je n'ai pas eu de mère aimante qui m'ait pris dans ses bras, qui ait su me consoler, je n'ai pas eu de père aimant qui m'ait pris par la main pour m'aider à traverser la rue et la vie, pour éviter les dangers. Pourtant j'ai eu deux mères et deux pères.

L'homme claque des dents, il grelotte.

– Un vent gelé souffle dans mon cœur. Mes souvenirs ne sont qu'une collection de sensations pointues qui blessent ma conscience et saignent dans mon cerveau.

– Arrête de parler comme un aristocrate, mec. Et puis tu sais, mon gars, on est tous malheureux et tous terriblement seuls ici, toi, tu l'es pas plus que les autres.

– J'ai besoin d'amour et je le dis.

– T'es fou et dangereux, t'as mis le feu chez toi, t'aurais pu tuer tes voisins…

– C'était un appel au secours. Je ne savais pas comment attirer l'attention, je ne savais pas comment montrer ma douleur.

Cette glace qui me frigorifiait, je voulais qu'elle fonde.

– Comment avez-vous allumé le feu ?

– Avec mon briquet. J'ai regardé les fauteuils, les chaises, les tabourets et les poufs s'enflammer. Mais mon corps ne s'est pas réchauffé…

– Et t'as crié qu'il y avait le diable. Tu hurlais. Ta voisine t'a entendu. Elle a appelé les pompiers. C'est ce qui t'a sauvé, toi et tous les habitants de l'immeuble. Je connais l'histoire, j'habite dans son quartier. Et puis il y a eu un article dans le journal. T'es un récidiviste.

– Non, je ne l'ai fait qu'une fois !

– C'est vrai, moi j'exagère et les journaux mentent, conclut Mathieu, en vidant son verre d'eau, il noie les flammes.

13.

Un peu plus tard, au bureau, la femme demande à son collègue :

– C'est vrai qu'il a mis le feu à son studio ?

– Oui.

– C'est un récidiviste ?

– Non, il n'a fait ça qu'une fois. C'est quelqu'un d'autre, dans un autre appartement du même immeuble, qui a causé plusieurs débuts de feu. Dans le local à poubelles, le hall et les cages d'escalier, si je me souviens bien. Il a aussi incendié des voitures dans un parking. Celui-là est en prison. Les ragots, les journalistes et la rumeur ont fait le reste. Tout s'est mélangé dans la tête des gens. Lui, c'est pas un méchant, il est juste fou.

Le lendemain, elle retourne dehors.

– Venez ! Pourquoi vous allez vous asseoir là-bas, loin, sur le banc ! On dirait que vous êtes punie ! Venez !

Elle le rejoint à la table rouge. Il sourit.

– Vous me réchauffez ! J'ai si froid ! Asseyez-vous ! Je vais vous parler de Yaëlle. Celle que j'aime.

L'homme ne tremble plus. Il est habillé en bleu. Jean, chemise et veste.

– Vous n'êtes plus en noir…

– Je dois m'éclaircir pour Yaëlle !

Il aspire une bouffée de nicotine. Ses joues se creusent profondément.

– Yaëlle, c'est la plus belle. Son nom commence par la plus belle lettre de l'alphabet. Le A, c'est l'escalier vers l'amour. Le L, c'est elle. La légèreté, la douceur. Redoublée.

Il s'assombrit.

– Je ne veux pas qu'elle ait peur de moi. Je ne lui ai pas dit qui je suis vraiment. À vous non plus.

Il la dévisage, fouille ses yeux. Il pose sa question, le ton est à la fois soucieux et intransigeant.

– Vous croyez en Dieu ?

– Pardon ?

– Est-ce que vous êtes croyante ?

– Pourquoi cette question ?

– Je ne voudrais pas vous inquiéter...

– M'inquiéter ?

– Je suis le Y, vous comprenez ?

– Non, je ne suis pas sûre de comprendre...

– Je suis Yahvé.

14.

– Yahvé ?

– L'Être Suprême.

Elle n'écarquille pas les yeux. Elle ne hausse pas les sourcils. Elle ne cligne pas des yeux. Elle ne détourne pas son regard. Elle ne dit rien. Elle attend la suite.

– Vous êtes en présence de Yahvé. Vous n'avez pas peur ?

– Je n'ai pas peur.

– Les feuilles de l'arbre, c'est moi. Le vent qui souffle dans les branches et qui fait tomber les feuilles autour de nous, c'est moi. Le soleil aujourd'hui, c'est moi.

– …

– Ne m'abandonnez pas maintenant que je me suis dévoilé.

C'est la pause-café après la pause déjeuner dans la cour, toutes les tables et leurs chaises sont occupées sauf une chaise jaune à leur table. Martine, la cinquantaine, les cheveux peroxydés, l'a repérée : elle arrive avec ses lèvres roses, mouillées, brillantes et son sac rose, verni, voyant. Elle scintille : des bijoux dorés et clinquants ornent ses oreilles, son sourcil gauche, sa narine droite, sa lèvre inférieure, son cou, ses poignets, ses chevilles – la ferraille cliquette à chaque mouvement de son corps. Qu'elle déplace son sac ou qu'elle boive son café du gobelet en plastique. Ça étincelle aussi sur sa langue. Elle allume une cigarette et les interpelle :

– Vous avez entendu ?

– Quoi ?

– Maxime a trouvé du travail. À temps partiel. Mais c'est quand même du boulot. Dans la restauration. Moi aussi, je voudrais avoir un travail. Plus de thunes pour m'acheter de beaux vêtements. Je voudrais être comme les autres, bosser. Oui, moi aussi, je voudrais trouver du taf. Pas toi ?

Les sourcils noirs au-dessus des yeux noirs se froncent, une tristesse profonde monte et inonde son regard, elle coule dans les yeux de la femme, ça coule dans son cœur, elle ne veut pas se noyer au fond.

– Quelqu'un comme moi ne peut pas travailler.

Le ton est désespéré. Les yeux verts ne veulent pas pleurer. Ils regardent ailleurs. Vers les acacias, vers les nuages qui passent, vers le mur lézardé d'éclairs noirs, vers le banc, vers les rosiers, vers les tables et les chaises. Vers l'avenir. Quand on est triste, il faut savoir ravaler sa tristesse pour continuer à travailler. Ça s'apprend difficilement. Parfois, ça ne s'apprend jamais.

L'homme, éclairci en bleu mais sombrement mélancolique, a toussé. Il a mis sa main et ses doigts fins aux ongles courts devant sa bouche. La femme a imaginé qu'il retenait des Y entre ses lèvres, beaucoup de très beaux mots avec des Y, des mots libres, sans obligations, sans contraintes, sans poids. Chauds et rayonnants. Des mots ondoyants, soyeux et joyeux.

15.

Un jour, pendant une réunion à laquelle la femme n'assiste pas, l'homme vient la trouver, à l'écart, dans le bureau.

– Ah ! C'est là que vous vous cachez !

Il rayonne.

– Et vous buvez votre thé !

Ses yeux noirs débordent de joie.

– Je suis allé voir Yaëlle ! On a bu du thé à la menthe ensemble !

Il se renfrogne en voyant toutes les chaises vides, d'autres repliées contre le mur.

– Mais quelle vie est-ce que je peux lui offrir ? Avant, avant, quand je vivais dans le studio, je collectionnais les tabourets, les chaises, les fauteuils, les poufs. Je les trouvais un peu partout, on m'en donnait aussi.

Je me disais qu'un jour, j'habiterais une grande maison avec un jardin. Et que je posséderais assez de tabourets, de chaises, de fauteuils et de poufs pour que je puisse inviter tous mes copains et tous mes voisins. Pour qu'ils puissent tous s'asseoir chez moi. Boire le thé à la menthe. Tous ensemble, tous en même temps.

Une pause. La femme regarde le bureau en désordre, elle voit une maison s'écrouler dans un jardin, les ruines dans l'herbe.

– Mais je n'aurai jamais de maison, jamais de jardin. Après le feu, le studio, c'était terminé. Maintenant, je vis à l'hôtel. Ils l'appellent social.

Parmi les décombres, une enfilade de chambres misérables, un entrelacs de ronces. Des serpents, sûrement, entre les pierres.

– J'ai peur de finir à la rue.

L'homme passe sa main dans ses cheveux noirs : il est allé chez le coiffeur. Un sourire le transforme soudain.

– Vous aimez ma coupe ? Je me suis fait beau pour Yaëlle !

Il bondit au milieu de la pièce et devient la lettre Y.

– Je suis amoureux et ça me rend joyeux. Par moments. Ça ne dure pas. Yahvé a peur de connaître l'amour sans retour. Il n'est pas tout-puissant. Il peut faire scintiller la Voie lactée dans la nuit mais il ne peut pas se faire aimer d'une femme si elle ne le veut pas.

La femme s'efforce de comprendre l'amoncellement des objets. Alors des dizaines de tabourets, de chaises, de fauteuils et de poufs récupérés, entassés dans un studio, ne constituent plus un encombrement déréglé mais l'affirmation d'un espoir immense, d'une nécessaire promesse tenue à soi-même face à un avenir incertain. Elles étaient l'ébauche d'amitiés futures qui ne peupleront jamais la maison qu'il ne fera que rêver.

– Qu'est-ce que vous avez ? Vous avez l'air triste...

Triste et désemparée, elle ne trouve rien à répondre.

– Oui, je suis un peu triste.

– Ce sont les chaises vides ?

– On peut dire ça…

– La réunion va finir, elles vont se remplir…

Il tente de la rassurer. Elle se sent encore plus triste, elle qui pensait aux tabourets, aux chaises, aux fauteuils et aux poufs d'un studio abîmé par un feu, à une chaleur interdite.

– Vous serez là demain ?

– Oui.

– Vous n'êtes pas là tous les jours…

– Non, j'ai eu des vacances…

– Je n'ai pas eu de vacances depuis longtemps… je ne suis pas parti depuis longtemps… il y a eu un jour au bord de la mer… il y a plusieurs années…

Elle entend les vagues.

– Je dois partir. Yahvé ne peut pas rester longtemps parmi les hommes.

Il se lève. Il est grand et maigre. Il paraît très fragile, incertain. Une lettre très seule. Une ombre noire qui hésite à s'en aller.

Soudain, dans un grand fracas, les pieds des chaises dans la salle adjacente raclent le carrelage, elles sont bruyamment repliées et adossées aux murs – claquements. La réunion s'est achevée, les portes vont s'ouvrir, les voix et leur brouhaha vont couvrir le clapotement des vagues et la plage déserte des vacances rêvées sous le ciel bas. Le bruit occupe le silence et l'espace, il chasse les rêves.

– Je dois m'en aller. À demain.

Il referme la porte. Elle goûte la mer. Le sel sur ses joues. Mais on ne peut pas travailler en pleurant. Elle assèche son cœur et surtout ses yeux verts en lisant une fiche de service très sévère. La notice est intransigeante. L'imprimé est catégorique. Soudain ça sonne : le cœur bien sec et bien dur, comme du bois ou comme un roc, elle peut décrocher et répondre au téléphone en vraie professionnelle, en professionnelle compétente. Avec le sourire. Et le bruit dans le couloir. Et la porte du bureau qui s'ouvre, les gens qui entrent, les paroles qui se multiplient et qui écorchent, la machine à café qui embraye.

Et ses ongles longs. Et le bout de ses doigts intact.

16.

– Vous pouvez me donner un morceau de pain ? S'il vous plaît ? Je n'ai pas mangé depuis hier midi…

– Vous ne mangez qu'ici ?

– Il n'y a qu'ici que je me souviens que je suis aussi un homme.

Neuf heures du matin, le service vient d'ouvrir.

Dans l'office, elle étale du beurre sur deux tranches de baguette encore chaude coupées en longueur, ajoute deux parts de fromage et lui remet le sandwich à la porte de la cuisine.

Il lui prend le pain des mains, ses yeux affamés le mâchent, le mastiquent et le digèrent déjà, alors qu'il va attendre de croquer dedans, dehors à une table métallique colorée, pour ne pas faire tomber des miettes dans le couloir. L'homme-dieu s'éloigne en direction de la cour intérieure, trébuchant sur sa grandeur et sa faiblesse.

17.

S’absorber dans le concret : ouvrir le réfrigérateur et en retirer deux tranches de fromage dans leur emballage en plastique, prendre deux portions de beurre dans leur papier doré, refermer le réfrigérateur, aller vers la table, sortir la baguette du sac en papier kraft marron de la boulangerie du quartier, sentir la croûte rêche du pain contre sa peau (elle s’est lavé les mains selon le protocole affiché au-dessus du lavabo, elle l’a même relu en effectuant les gestes illustrés sous plastique selon le temps spécifié, elle a même compté les secondes, 1, 2, 3, 4, 5, 6, 7, 8, 9, 10, 11, 12, 13, 14, 15, 16, 17, 18, 19, 20, 21, 22, 23, 24, 25, 26, 27, 28, 29, 30, avant de préparer le sandwich), respirer l'odeur tiède de la mie, tenir le manche froid du couteau, couper, séparer, beurrer, étaler, remplir, se tourner, aller vers lui. Tendre. Donner. Juste un bout de pain. Juste une action dérisoire. Juste un bout de temps. Juste un échange si bref.

S'absorber dans le concret : les gestes et les actions matérielles. Pour que ça au moins, ça existe. Une matérialisation de l'impalpable.

Elle referme à clef la porte de la cuisine. Fatou, les yeux fondants et sucrés, avance vers elle.

– Vous pouvez m'aider ?

– Bien sûr.

Est-ce qu'elle aurait répondu trop vite ?

– Je voudrais appeler mon tuteur. Il me faut vingt euros. Il doit me les donner. C'est pour mon fils, c'est son anniversaire la semaine prochaine. Je veux lui acheter un cadeau.

– Allons appeler votre tuteur.

– Après, est-ce que vous pourrez m'aider à appeler son foyer ? Je dois parler à son éducatrice référente. Cette connasse qui a pris ma place. Pour savoir quand est-ce que je peux le voir pour lui donner le cadeau. Et comment la putain de rencontre va s'organiser.

Elles marchent côte à côte dans le couloir, elles se dirigent vers le bureau. Les talons des deux femmes claquent contre le carrelage. Les claquements remplissent les silences, ces crevasses.

– Quel âge aura votre fils ?

– Six ans.

– Vous avez une idée de ce que vous voulez lui offrir ?

– Des petites voitures. Ou des animaux en plastique… Des dinosaures peut-être…

– …

– Mais je ne sais pas si je pourrai avoir l'argent. J'achète trop de cigarettes, et puis l'abonnement du téléphone portable coûte cher. Mes hauts talons aussi m'ont coûté la peau du cul, c'est de la marque, pas une arnaque. Ils sont beaux, hein, vous trouvez pas ?

– Oui, vos chaussures sont très belles.

– Avec mes talons hauts comme ça, avec ces aiguilles, j'ai l'impression de dominer la situation.

C'est la triste émeraude que lui offre Fatou, elle rejoindra les perles de l'homme aux yeux noirs.

– Même si je suis une pute et une mauvaise mère qui a abandonné son fils.

– …

– Ouais, avec mes aiguilles, je peux faire semblant que je domine la situation !

Les aiguilles de Fatou embrochent le cœur de la femme aux yeux verts. Ça fait mal. Elle se demande comment elle va pouvoir boucher les trous. Ça fuit de partout. Elle voudrait écrire tout de suite. Pour colmater. Elle pourrait couler. Il y a urgence. Mais elle doit attendre dix-sept heures. Pour rentrer d'abord. Puis faire les courses, préparer le repas du soir pour son mari et son fils, ranger. Après, après seulement elle pourra allumer l'ordinateur, tamponner avec les mots la douleur qui vient avec trop de tendresse pour l'homme-dieu, Martine, Fatou et son fils. Suturer les minutes sanglantes, les heures précieuses passées dans la cour intérieure, le couloir : les jours aimés.

Elle l'a lu : chaque journée doit être sondée jusqu'à ses abîmes, car que restera-t-il des jours qui ne seront vécus qu'à demi, loin des bords et des gouffres, par prudence ?

Le sable les recouvrira trop vite et ils seront oubliés.

Elle veut bien se brûler les pieds en marchant dans les déserts ardents de la folie pour aller vers l'inconnu intérieur. Elle ne peut pas faire autrement. Elle ne peut pas prendre d'autre voie que ce chemin-là. Tant pis pour les larmes, elles sécheront au vent des quatre saisons.

Elle connaît son mystère et sa chance : plus la tristesse déferle, plus l'espoir et la joie refluent en elle. *Because she will write herself out of pain and injustice.* Parce qu'elle s'écrira hors de la douleur et de l'injustice. Elle sait qu'elle accepte de ressentir avec violence la détresse pour sentir l'exaltation qui lui succède. L'une ne peut être séparée de l'autre. Le poète d'un pays célèbre pour ses cèdres l'a écrit avant elle.

C'est ce qu'elle comprend d'elle : le texte naît de la bataille contre l'enlisement dans le désespoir ; le livre s'origine dans le noir, se compose la nuit, dans son lit et dans le silence, avec l'espoir de faire une différence. Et les mots lui redonnent force et conviction ; le lendemain, elle rapporte une détermination optimiste ici, elle la partage avec l'homme aux yeux noirs et les autres.

Elle l'a dit à un collègue au bureau et elle le réaffirme : elle est anti-nihiliste. On lui avait répondu : c'est pour cela que vous travaillez ici, pour éprouver plus fortement encore l'espérance.

18.

Il l'a tutoyée, il s'en est aperçu, il s'excuse et se reprend. Elle le vouvoiera jusqu'au bout. Car il y aura un terme à cette rencontre. Même si ni l'un ni l'autre ne sait ni quand ni comment la fin adviendra. Mais elle viendra.

La femme se souvient tout à coup d'une conversation macabre avec Bernard. Comme ils avaient ri ! Sous cape. Elle avait pris rendez-vous pour lui avec l'anesthésiste et le chirurgien. Les rendez-vous étaient lointains, fixés dans plusieurs mois. « Je ne sais pas si je serai encore vivant pour ces rendez-vous », avait-il glissé avec un large sourire, les yeux cachés derrière ses grosses lunettes noires, assis au réfectoire.

Elle avait pensé à un poème, *La mort viendra et elle aura tes yeux*. Elle le lui avait dit. Elle aurait aimé lui réciter le poème si elle l'avait connu par cœur. Elle lui avait dit ça aussi. Il lui parle beaucoup de lecture, lectures anciennes puisqu'il ne lit plus de livres depuis longtemps, à cause de ses yeux qui ne voient plus, de sa concentration qui flanche, de l'envie qui a disparu. La conversation avait débuté ainsi et elle avait continué, funèbrement gaie. Elle ne peut pas être rapportée. La mort ricanait dans chaque réplique, son regard était très séduisant.

Quelques jours plus tard, la femme avait retrouvé le recueil dans sa bibliothèque. Elle avait relu le poème sur son canapé.

> « La mort viendra et elle aura tes yeux –
> cette mort qui est notre compagne
> du matin jusqu'au soir, sans sommeil,
> sourde, comme un vieux remords
> ou un vice absurde. Tes yeux
> seront une vaine parole,
> un cri réprimé, un silence.
> Ainsi les vois-tu le matin

quand sur toi seule tu te penches
au miroir. Ô chère espérance,
ce jour-là nous saurons nous aussi
que tu es la vie et que tu es le néant.

La mort a pour tous un regard.
La mort viendra et elle aura tes yeux.
Ce sera comme cesser un vice,
comme voir resurgir
au miroir un visage défunt,
comme écouter des lèvres closes.
Nous descendrons dans le gouffre,
[muets. »

Avec Bernard, la discussion avait été aussi noire mais beaucoup plus drôle que le poème, ils avaient bien rigolé ensemble ; ensemble ils l'avaient défiée, la mort. Même si ce n'était en réalité que le sujet qu'ils avaient bravé...

– Tu n'étais pas là hier...

– Non, j'étais en formation...

– Pardon, je vous ai tutoyé...

L'éclat d'un regret passe sur son visage hâlé. Une contrition en éclair.

– Ce n'est pas grave.

– C'est grave. J'ai eu froid toute la journée hier. Je ne me trouvais plus, il n'y avait plus rien là-dedans. Il ne se passait plus rien dans ma tête.

D'un doigt, il cogne sa tempe, en la regardant.

Ils ne se connaîtront qu'entre les murs derrière eux ou dans cette cour intérieure. Et uniquement pour un temps court. Cela ils le savent. C'est une certitude aussi troublante que rassurante, aussi forte que la mort.

Il ne le saura pas mais elle enfilera ses perles folles et magiques en chapitres fugaces – qu'elle ne pourra pas lui offrir –, et ce bijou sera pour lui. Et Bernard, Martine, Mathieu, Fatou, Kofi, Juan et tous les autres. Leurs mots tracés, entrelacés dans un roman, on reconnaîtra leur valeur.

– Vous ne fuyez pas Yahvé ?

– Non, je suis là. Aujourd'hui et demain. La semaine prochaine, je suis en congé. Mais après je serai là. Et tous les jours après, sauf les week-ends bien sûr. Et quelques jours par-ci par-là. Et puis une semaine à Noël.

– Ça fait beaucoup de trous. Mais vous devez vous reposer, nous sommes tous des cas lourds ici…

Ils sont dehors, assis à l'une des tables métalliques aux bords arrondis. Provisoirement installés sur ces chaises avec, entre les barreaux, des espaces. La femme fait le parallèle avec les distances qui existent entre les hommes.

– Vous n'avez pas peur de Yahvé ? Peut-être que vous croyez en Dieu et je suis là et c'est difficile.

– Ce n'est pas difficile d'être là…

– Pour moi, c'est difficile de venir, de sortir de mon lit. Quand on est Yahvé, comment être avec les autres ? Il ne sait pas faire. Il ne se sait pas comment se comporter avec les humains. Il a peur de leur faire peur. Comment être humain ? Comment avoir l'air humain pour les autres ?

– Vous êtes propre et bien habillé, c'est un bon début !

– Vous avez vu ça ! Vous aimez mes chaussures ? Vous avez vu les ailes sur les côtés ? Et mon jean ? Les coutures sur les poches ? Vous avez remarqué que ce sont des Y ? Et sur mon pull ? Vous avez vu la clef ?

Petit à petit, tout le monde se lève et rentre à l'intérieur.

Ils restent seuls dehors.

– Je n'avais pas vu la clef…

– Ben alors, qu'est-ce qu'il vous arrive ? Vous êtes fatiguée ? C'est vrai, je suis un cas vraiment très lourd… C'est une grande responsabilité d'être là pour Yahvé.

Tout le monde est rentré dans l'immeuble… Elle serait trop fatiguée pour se lever et rentrer ? Ou elle accepterait la responsabilité d'être là pour lui ? Elle veut bien porter ce poids – puisqu'il admet ou précise que c'est un poids. Rester. Écouter.

– Mes colères sont terribles mais je prends mes médicaments en ce moment. Quatre interrupteurs qui m'éteignent pour la nuit. Et il y a la piqûre tous les mois…

– …

– Ma plus grosse colère a été en décembre 2004, après, il y a eu ma première hospitalisation.

– …

– Le tsunami en Indonésie, au Sri Lanka, jusqu'en Inde et en Thaïlande, c'était moi.

– …

– On m'avait fait du mal. Beaucoup de mal. Une horreur, un acte si cruel que je ne peux pas vous le raconter. Votre cœur ne résisterait pas. Le mien n'a pas résisté. Il y a eu un séisme à l'intérieur de moi. Un séisme d'une magnitude de 9,1 à 9,3. Presque un record. Seulement trois autres séismes plus puissants ont été enregistrés dans toute l'histoire du monde.

– …

– Sous la mer, à trente mètres de profondeur, la terre s'est soulevée à six mètres de hauteur sur une distance de mille six cents kilomètres…

– …

– Oui, j'ai été ravagé par un tremblement de cœur qui était un tremblement total de l'être. Ça a donné, dans l'océan Indien, sur un autre continent, ce désastre.

– …

– Des vagues de trente mètres ont dévasté des plages, des villes et des îles entières. Deux cent cinquante mille personnes sont mortes. Je ne dois plus jamais m'énerver comme cette fois-là. C'est trop dangereux pour les hommes, j'ai fait trop de victimes. J'ai si peur de faire du mal aux autres. Je ne veux pas être un méchant…

– …

– L'énergie libérée au moment de mon explosion était égale à trente bombes de Hiroshima… Vous vous rendez compte ? Je ne dois surtout pas me mettre en colère…

– …

– Après le premier séisme, il y a eu des répliques alors on m'a attaché, contentionné sur un lit. En chambre d'isolement…

– …

– Un an avant exactement, je m'étais énervé, il y avait eu un séisme en Iran qui avait fait trente mille morts. Mais je n'avais pas été hospitalisé…

– …

– Quand, on a cambriolé mon appartement, qu'on m'a volé ma télé et mes souvenirs, j'ai aussi pété un câble. C'était le 12 janvier 2010, et il y a eu le séisme à Haïti avec plus de deux cent mille morts.

– …

– Ma rage a peut-être fait plus de trois cent mille victimes. Je ne veux pas être un criminel… Les psychiatres disent que je n'ai tué personne… Je voudrais que ce soit vrai…

– …

– Mais je suis Yahvé…

– …

– J'ai causé d'autres catastrophes naturelles : des cyclones, des feux de forêts, des inondations, des canicules, des avalanches, des blizzards. La tempête de neige en Afghanistan en 2008 qui a fait presque mille morts, c'était encore moi. Ça se passe quand je suis en colère. Ça se produit quand je suis tenté de me venger du mal qu'on me fait. Je n'arrive pas à me contrôler. Je me venge. Ça donne ça. Je voudrais que les hommes changent, qu'ils deviennent bons.

– …

– Je ne veux pas recommencer. Je voudrais être un homme gentil et doux. Je m'accroche de toutes mes forces au Y…

– …

– Vous m'écoutez depuis longtemps, vous avez sûrement du travail, je ne veux pas vous retenir trop longtemps, vous embrouiller. Ou vous impressionner.

Elle ne savait pas comment interrompre cette confession. Il l'a fait pour elle. Les yeux verts se lèvent et quittent les yeux noirs.

Elle se retourne et découvre Bernard. Elle ne l'avait pas vu. Bernard est ressorti dans la cour. Et il a écouté, installé à une table bleue, derrière eux, un peu plus loin.

Il l'étudie, elle croit déceler un regard compatissant porté sur elle.

– Vous l'avez apprivoisé, maintenant vous êtes responsable de lui, déclare Bernard – qui a lu l'histoire d'un renard aimé d'un prince pas très grand, venu d'une autre planète et perdu sur terre – tandis qu'elle passe devant lui pour rentrer.

– C'est le temps que vous avez partagé ensemble au milieu de ces cataclysmes qui vous fait si importante pour lui et qui le fait, lui, si important pour vous.

L'homme aux yeux noirs serait donc devenu si important pour la femme aux yeux verts ?

– Mais celui-là, il n'a pas autant lu que moi ! lance-t-il encore alors que la porte d'entrée se referme derrière la femme.

À table, peu après, entre les tranches de saucisson sec et le cordon-bleu, Bernard l'apostrophe :

– Vous saviez que c'était le livre le plus traduit après la Bible ? On compte moins de deux cents pays dans le monde mais plus de deux cent cinquante traductions de ce livre. Je n'ai jamais entendu quelqu'un dire qu'il n'aimait pas l'histoire du Petit Prince.

19.

C'est un banc contre un mur grisâtre, lézardé d'éclairs noirs.

Un banc aujourd'hui vide, entouré de deux rosiers qui ne fleurissent jamais. Ou des plantes dont les fleurs seraient toujours cueillies avant leur éclosion.

Les fleurs, il faut les chercher ailleurs que dans ces deux arbustes. En mai, il y en a des blanches, odorantes, toutes petites et par grappes suspendues dans les branches des acacias. À des hauteurs inaccessibles.

Mais on peut trouver des fleurs basses, camouflées dans les conversations. D'une espèce qui ne sait que se faire entendre de celui qui écoute, le cœur ouvert aux chuchotements, aux paroles timides. Des secrets murmurés ou criés, si choquants qu'on doute souvent de les avoir entendus correctement.

Parfois, des fleurs étranges explosent dans la conversation, ce sont des fleurs inconnues, beaucoup moins belles que les roses. Elles peuvent sentir très mauvais. Mais sous des allures repoussantes, elles contiennent plus de beauté que celles que l'on admire dans les jardins ou les plates-bandes, sur les balcons ou dans les pots, les bouquets ou les parfums. Ou dans la nature. Elles sont laides et puantes parce que leur vérité ou leur fiction, leur essence en tout cas humaine, est dure et rugueuse.

Ces fleurs épouvantables et merveilleuses à la fois n'éclosent que sur ce banc (et des lieux apparentés), entouré de deux bacs en bois qui contiennent chacun un arbuste qui bourgeonne sans fleurir.

Elles naissent contre ce mur grisâtre et ses fissures noires.

Elles s'épanouissent également sur les chaises métalliques aux couleurs toniques.

Se fanent sous les trois arbres épineux de cette cour intérieure.

Meurent et tombent, fragiles, dans le gravier.

Molles, entre les cailloux durs, elles s'effacent.

Laissent place à des souvenirs.

Que la femme ne veut pas perdre.

Jamais ne perdre.

20.

– Kofi vient plus, Madame ?

– Il passe en coup de vent le matin, avant que vous ne veniez…

– Je ne l'ai pas vu depuis que Vincent lui a cassé la gueule…

– Il a continué à venir…

– Vous vous rendez compte, il l'a frappé, lui et moi, parce qu'il voulait pas lui filer dix euros…

– C'était pour de l'argent ?!

– Ben ouais. Qu'est-ce que vous croyez ! On est tous fauchés ici ! Le fric, ça devient précieux. Avec dix euros, t'as un paquet de cigarettes et un sandwich.

– …

– Le blé, ça compte.

Et Juan s'en va.

Martine cliquette et ses cheveux jaunes brillent encore plus que ses bijoux.

– Moi, quand je suis vraiment à court, je fais des pipes pour cinq euros.

Elle esquisse une moue très rose.

– Des fois, on promet qu'on va me payer après, mais je vois pas la couleur de l'oseille.

Ses paupières fardées se baissent sur ses yeux bleus.

– Et y a des mecs, y sont trop moches. Ypuent grave. Ysse lavent pas. Souvent yfaut beaucoup de courage pour sucer.

La laideur dans les yeux, la puanteur dans le nez, le dégoût dans la bouche – ça délabre sa parole ?

Martine grimace, se ressaisit.

– Mais le pire, c'est quand je dois le faire sous la menace. Parce que j'ai peur de me faire taper. Battre. C'est pour ça que j'ai tous ces bijoux sur les doigts. Je ferme pas les yeux quand je lèche. Je prends leur bite dans mes mains, je gobe leur gland et je zyeute mes pierres précieuses dans leur ferraille. Ça me fait du bien. Fautcequ'yfaut. Hein ? Fossekifo.

– …

– Je suis balèze, hein ?!

– …

– Je me dis que je suis une actrice dans un film porno. Et ça marche. J'avale mon cinéma. Et j'empoche les thunes. Bon, je le fais moins maintenant. J'ai moins besoin de flouze. Je consomme plus. Ils ont réussi à me désintoxiquer !

– …

– Je l'aurais jamais cru…

Ça se livre sur le banc, justement.

Mur noir, rideau noir.

Mais Martine a le dernier mot.

– C'est fou ce qu'on peut se faire du mal…

Quelques jours plus tard, la femme se promène sur les quais avec son mari. Blondes comme les cheveux de Martine et du garçon qui ramone les volcans éteints sur une autre planète, les feuilles tombent des arbres. Elles recouvrent les quais d'or. Du rose s'étale dans le ciel au-dessus de la ville et du bois, plus loin. Mais ciel sucré ou souillé, la femme ne sait pas trop, elle hésite. Le mari désigne un banc devant eux :

– On va s'asseoir ?

– D'accord…

– Tu te souviens que c'est sur un banc que je t'ai demandée en mariage ?

– J'avais oublié…

– Au bord d'un fleuve… comme celui-ci…

– Mais dans une autre grande ville, un autre pays…

– Oui…

Il tousse.

– J'en ai marre de tousser. Je tousse depuis un mois. Depuis que je suis allé voir le généraliste…

– …

– J'ai dû choper quelque chose là-bas…

– …

– La prochaine fois, que j'irai le voir, je resterai dehors, à la fenêtre…

Ils reprennent leur promenade. Les lampadaires s'allument entre les arbres sous le ciel mauve. Le mari se souvient :

– Je me rappelle, à Kenitra, en hiver, partout dans la ville, les platanes plantés à côté des lampadaires gardaient leurs feuilles…

– Comment c'est possible ?

– Je ne sais pas… Il y avait aussi des saules pleureurs dans la ville. Leurs branches tombaient jusqu'au sol.

La femme voit des rideaux verts. Ou des bras pendants plutôt que levés comme les bras du Y.

– Un jour, avec les copains, on est passés à côté, et il y avait une mémé qui remuait derrière avec un mec. On ne voyait pas bien. On était gênés. Mais un pote à moi est allé voir de plus près, il a vu la vieille baisser sa djellaba, vite fait, après on a tous vu la mamie écarter les branches et se sauver.

21.

– Vous êtes là ! Vous êtes revenue !

– Oui, c'est la fin des vacances.

– Vous m'avez manqué !

Elle est gênée, elle ne sait pas répondre à ça. Lui, il sourit, il attend, l'air heureux.

– Regardez ! J'ai mis une chemise blanche parce qu'aujourd'hui, j'ai le cœur pur.

Comment réagir ? Que dire ? Elle ne sait pas. Il y a sa joie à lui et sa tristesse à elle, côte à côte.

– Et le soleil brille ! C'est mon cœur qui le fait resplendir !

Elle ne sait pas répondre à ça non plus. Son collègue, pas plus. Le silence s'installe. Son collègue le quitte à la hâte. Il s'en va vite, il quitte le bureau rapidement, se précipite dans le couloir, bousculant une chaise sur son passage. Une fuite bruyante. Qui anticipe peut-être la suite : le crescendo de l'homme aux yeux noirs. Le collègue laisse ça à la femme aux yeux verts.

– J'ai souvent eu recours au Y la semaine dernière, je me suis senti si seul…

La femme pense à son collègue happé par le couloir, à son échappée laide, elle repense à toutes les lettres de l'alphabet qui ont composé tous les mots qu'elle a écrits la semaine dernière, pendant ses congés.

Parce qu'elle écrit leur relation. Au travail, elle s'y accroche parce que l'époque est troublée, parce que son désarroi augmente, parce qu'elle ne sait plus si elle peut continuer à exercer son métier dans un hôpital psychiatrique délirant qui se prend pour un territoire. Lequel peut recouvrir une agglomération entière, toute une région.

Dans cette énorme entité, expliquée par une belle journée d'automne, deux semaines auparavant, à une réunion d'accueil pour nouveaux arrivants par une directrice si importante qu'elle aurait régné à la tête d'une organisation humanitaire internationale mondialement connue (elle livre l'information avec tellement d'humilité à ceux qui ne l'ont jamais rencontrée), par une directrice si prévenante qu'elle en oublie de se présenter à tous ceux qui sont assis devant elle, comme si son nom et sa fonction sont des évidences qui irradient de sa personne vers les fonctionnaires réunis là – hommes et femmes dont elle ne connaîtra jamais le nom. Car à la base de l'organigramme, tout en bas de la hiérarchie, l'individu est effacé par la masse salariale.

Les yeux noirs par contre ne s'effacent pas du cœur de la femme aux yeux verts attentive à l'homme. Elle ne doit pas perdre l'homme de vue. Ce grain de sable qui met à mal les rouages de toutes les autorités. Administratives, pharmaceutiques, médicales, sociales, légales, humaines, divines.

À l'occasion de cette matinée d'accueil, les agents sont certainement très attentifs quand le responsable des ressources humaines leur parle de jours de congé, de

RTT, de hors saison, de prime annuelle, de promotion professionnelle. Sont-ils aussi attentifs aux patients ? Peuvent-ils seulement l'être dans une ambiance institutionnelle particulièrement dégradée par les réformes sanitaires successives ? Les coupes budgétaires drastiques ? Et cetera. Et cetera.

En passant, on leur a tous rappelé que les fonctionnaires sont soumis à l'obligation d'*obéissance*. À l'appui, sur un écran blanc, situé dans le dos d'un administratif zélé, gestionnaire hyperresponsable, une projection accélérée de diapositives où apparaît l'injonction d'OBÉISSANCE en énormes lettres capitales comme si la taille du mot était à la hauteur de la soumission attendue. Au cours de la matinée, deux ou trois autres menaces sont glissées dans les discours par divers supérieurs hiérarchiques.

Au moment du départ, à l'heure du déjeuner, on s'en doute, le moral des troupes est au beau fixe !

Merci patron !

Mais obéissance à quoi ? s'interroge plus tard la femme à la peau claire. Qu'est-ce qui fait autorité pour elle ? Elle ne sait le mettre en mots, les mots d'un autre, que depuis une lecture très récente, un conseil de lecture venu d'une ville où l'on boit parfois un verre de champagne après le travail : l'expérience intérieure. Et qu'est-ce que cela ? C'est « la mise en question (à l'épreuve), dans la fièvre et l'angoisse, de ce qu'un homme sait du fait d'être ». Celui qui l'affirme est un écrivain qui porte le nom de son combat. Il précise encore qu'elle constitue « un voyage au bout du possible de l'homme ». La femme sait qu'elle se découvre elle-même au contact de la maladie, de la folie, de la mort. « Quand aller au bout signifie tout au moins ceci : que la limite qu'est la connaissance comme fin soit franchie. » Il écrit encore que la « dramatisation » de l'existence prémunit de l'indifférence. Et : « Si nous ne savions dramatiser, nous ne pourrions sortir de nous-même. » Sa lectrice veut bien sortir d'elle-même. Mais il poursuit avec cette remarque, sorte de regret : « Les mots [...] ne servent encore qu'à fuir... » Elle est un peu d'accord avec lui. « Dramatiser, c'est seulement être », lit-elle encore. Oui.

Avant de retourner au travail du terrain dans son périmètre habituel très loin de là, attablée à une terrasse située en face d'une piscine, la femme aux yeux verts se ranime avec des moules marinières, deux assiettes de frites et la certitude qu'elle sera dispensée de la mesure de sa circonférence abdominale. « Valeur plus fiable que l'indice de masse corporelle », a-t-elle appris quelque part récemment.

Ses valeurs à elle ne se chiffrent pas.

Émue, la femme se souvient du livre dont lui parle régulièrement Bernard dans lequel ce petit bonhomme aux cheveux d'or, lors de son voyage vers la Terre, fait aussi la connaissance sur une minuscule planète d'un homme d'affaires convaincu de posséder des étoiles parce qu'il les compte et les recompte, qu'il les additionne et les gère avec précision. Pauvre homme d'affaires…

Mais Bernard soupçonne-t-il l'envers du décor à l'hôpital ? Où, à l'occasion d'une formation de perfectionnement au logiciel Medixplus qui numérise les ordonnances médicales et permet aux infirmiers de cocher leur administration, la femme aux yeux verts apprend que des équipes font des compétitions entre elles pour obtenir la première position : celle qui coche le mieux selon des critères temporels et d'autres assez douteux. Car le logiciel est paramétré pour opérer ces mesures et contrôles (« traçabilité de la traçabilité »). Est-il utile de préciser qu'il existe une très grande différence entre le fait de tracer l'administration d'un médicament au moment exact où l'acte a lieu comme cela est dorénavant exigé et le geste de donner en prenant le temps, les yeux dans les yeux, un cachet, un comprimé, une gélule, avec des mots bienveillants pour chacun, sans cliquer sur un écran en tournant le dos au patient ? Que tracer, cocher, cliquer n'est pas soigner ?

Bernard et Martine, eux, ne connaissent pas le monde du travail mais ils n'abandonnent pas leur rêve de travailler comme tout le monde. Soupir.

Ne pas y penser. Se concentrer sur le Y dans la phrase comme l'homme aux yeux noirs. La clef, comme celle tissée dans un pull que cet homme a porté, c'est une passion pour le Y. La femme soupèse l'écriture à distance, et sourit d'espoir car elle doit y croire.

– Vous souriez…

Je souris mais je ne suis pas une souris, pense la femme. Se raccrocher aux mots. Malgré tout. Tant pis si on la lira avec désapprobation. On ira peut-être même jusqu'à la blâmer… Tant pis…

– Je souris mais je ne suis pas une souris.

– Moi, je suis bien Yahvé.

Quelle phrase stupide, elle aurait dû la garder pour elle, maintenant il est trop grand pour elle.

– C'est un peu grand pour moi…

– Le Y, c'est juste une petite lettre… qui débute un mot ou qui le compose avec d'autres lettres. Une petite lettre qui se tient toute seule au milieu des autres…

Le voilà qui la rassure. Elle est touchée, ressent une profonde gratitude pour lui, voudrait lui dire merci.

– Merci.

– Je vous en prie, je ne veux pas vous faire peur…

Il s'agite sur sa chaise, regarde tout autour de lui : la façade richement sculptée de l'autre côté de la vitre poussiéreuse, les classeurs sur les étagères, les dossiers dans le placard, la bouilloire et la machine à café dans le coin, la collection de tasses sur l'étagère, le téléphone sur le bureau, l'écran de l'ordinateur, le radiateur sous la fenêtre. Se retournant vers elle, il déclare :

– Je vais vous parler du moment où le Y est devenu important pour moi…

Elle avale une gorgée de thé.

– Je voulais devenir professeur d'histoire-géographie… j'étais en troisième année… je me suis senti devenir différent… je souffrais en étudiant, en lisant… je ne dormais plus, je lisais autant que je le pouvais… je me dispersais, je voulais tout savoir, tout comprendre… c'était impossible…

alors j'ai réduit mon champ d'investigation au pays où je suis né, le Yémen, puis je l'ai étendu à un autre pays qui commençait par la même lettre : la Yougoslavie, mais qui a disparu bien avant le début de mes études à l'université… C'est au moment où cette nation s'est fracturée que j'ai voulu devenir prof d'histoire-géographie…

Il entame un exposé sur le Yémen (dont il connaît très bien la géographie) et la Yougoslavie (dont il connaît très bien l'histoire).

– Je ne devrais pas vous montrer que je sais autant de choses, je ne veux pas vous faire peur. Je ne veux pas que vous changiez, je veux que vous restiez naturelle. Je ne dois pas montrer aux autres que je connais chaque sujet qui concerne le Y très profondément. Seulement un volet. Pour ne pas vous donner le vertige. Je ne veux pas que vous tombiez dans le V.

Soudain une tension extraordinaire agite son corps, ses bras tressautent violemment.

– Je ne dois pas trop remuer dans mes bras, je pourrais renverser ma lettre.

Il s'efforce de contrôler ses mains, il les cale sous ses cuisses.

– Là, elles ne gigoteront plus ! s'exclame-t-il avec un sourire bouleversant. Je suis fragile ! Il ne faudrait pas que je me casse en deux à la jonction du vertical et des bras qui s'écartent vers le ciel.

Ses yeux s'attachent un instant à ses pieds immobiles sur le carrelage gris, rapidement il les relève vers elle.

– Il ne faut surtout pas que mes bras se détachent du reste de mon corps, de mes jambes !

Sa tasse de thé est déjà vide, elle regarde le fond.

– Vous l'avez déjà finie ?!

– Oui.

– Vous avez si soif?

– Oui.

– Mais c'est votre troisième tasse ! Vous en avez bu trois !

– Trois ?!

Vraiment, elle est surprise. Elle ne se souvient pas de s'être levée trois fois, d'avoir enclenché la bouilloire trois fois, d'avoir déposé trois fois un sachet de thé dans sa tasse, d'avoir ajouté un peu de lait trois fois, d'avoir jeté trois sachets de thé à la poubelle, de s'être rassise trois fois.

Pendant ce temps, où sont les autres? Ils ne sont pourtant pas seuls dans le service. Et ils n'ont pas été interrompus par la sonnerie du téléphone? Elle l'écoute depuis si longtemps? Et il compte les boissons qu'elle se prépare?

– Vous les comptez?

– Oui.

– …

– Vous avez encore soif?

Oui, elle a toujours soif de thé. De sa consolation liquide éphémère. Qui ne se rationne pas.

Elle boit presque exclusivement du thé au lait. Du café noir sans sucre, aussi. Ne boit que très rarement de l'alcool, détestant chavirer avec. Un enivrement lucide lui vient plus facilement par la lecture. Elle se souvient d'un whisky récemment dégusté chez une amie à laquelle elle a offert de gros romans, justement pour la consoler d'une perte, d'une grande peine ; la liqueur ne l'a pas saoulée. Le vin chaud siroté le lendemain avec sa sœur sur un pont mythique non plus. Se souvenir d'un ciel rose majestueusement étiré, cette fois-ci, au-dessus du théâtre (splendide). Le seul effet de ce breuvage-là : une contemplation alanguie du ciel, du fleuve, de la ville.

Quelqu'un pousse brusquement la porte entrebâillée du bureau :

– Je vais vous tuer ! beugle Vincent, enlaidi par sa fureur.

Il a déchiré l'air d'un cri et il a disparu, claquant la porte derrière lui. Beuglant toujours dans le couloir des menaces incompréhensibles. Elles résonnent et demeurent longuement suspendues entre les murs du couloir, elles collent, hostiles, aux cloisons et vibrent au creux des oreilles et des corps. Même après son départ. Il veut les tuer…

Subitement, on cogne à la porte, qui s'ouvre. Affluent alors dans la petite salle les effrayés. Un par un, les épouvantés s'entassent dans le bureau, s'affalent sur les chaises. Ils braquent leurs regards affolés sur elle, attendent une parole, un signe, un geste rassurant. Elle pourrait leur offrir du thé, c'est la première idée brumeuse qui lui vient. Non, il y a sûrement autre chose à faire...

Puis ses collègues arrivent, entrent et s'assoient.

Un intervalle calme.

Enfin les effrayés se révoltent :

– Putain, c'est chaud avec lui !

– Il fait flipper grave !

– Il est trop violent !

– Qu'est-ce que vous faites pour nous protéger ?

– Y a pas assez d'hommes qui travaillent ici...

– Ça peut pas continuer comme ça...

– Il faut le faire hospitaliser !

– Pour son bien !

– Faut vous mettre méga au taquet !

– Empêchez-le de revenir !

– On n'en peut plus de ses menaces !

– Appelez la police !

– Moi, je peux le faire ! propose Martine tandis qu'elle extirpe son téléphone portable de son sac imitation cuir dans un bruit métallique : les chaînettes s'entrechoquent, les gourmettes cliquettent. Pas tout à fait une musique douce.

L'ambiance est lourde dans le bureau. Pas d'amélioration rapide à prévoir comme pour le temps dehors qui a soudain viré au gris et à la pluie.

– Je me demande si je ne vais pas rapporter un bouquet de fleurs pour le bureau. Il nous faut du beau, risque la femme aux yeux verts, rêveuse.

Ses collègues paraissent dubitatifs.

– Les fleurs, ça sert à rien, rétorque Geoffroy.

Elle ne l'avait pas vu, assis silencieusement, dans le coin contre le portemanteau surchargé, alors que l'homme aux cheveux noirs et tous les autres effrayés sont partis depuis qu'on leur a intimé de quitter la pièce. Après le discours réconfortant d'un collègue qui a réussi à les rassurer, qui a aussi dissuadé Martine, la blonde, d'appeler la police.

– Les fleurs, ça sert à rien. Surtout les roses. C'est vicieux, ça pique.

Voilà l'arracheur de bourgeons, songe la femme aux yeux verts.

– Les roses, il faut s'en méfier, on peut pas leur faire confiance, elles font les belles, elles se mettent du parfum, elles sentent bon et puis elles piquent quand on veut les prendre. C'est des putes, ces fleurs.

– ...

– Les fleurs mortes dans les vases, ça sert à rien. Les bouquets, c'est juste la mort et le pourrissement. Mort et pourriture.

Le visage de Geoffroy blêmit, son corps se raidit sur sa chaise : il épouse la rigidité d'un cadavre. Les mains sont inertes mais agrippées aux bras du fauteuil. Des mains trop fixes, trop jaunes ou trop pâles pour être vivantes.

Où a-t-elle déjà vu de telles mains ?

Bien sûr ! Elle les a vues sur les lits d'hôpitaux, ces mains raidies, sans vie, allongées le long du défunt, ou entrelacées sur sa poitrine après la toilette mortuaire, dans la dernière tenue, choisie pour la mise en bière.

La mère de Geoffroy n'était-elle pas fleuriste ? se demande tout à coup la femme aux yeux verts.

Elle croit se souvenir que cette mère s'est suicidée. C'est le fils qui l'a retrouvée, pendue dans la chambre du fils, c'est ça, elle se souvient. Il venait de quitter le domicile maternel pour emménager avec sa copine. Oui, ça lui revient maintenant. Quand il l'a trouvée, elle pendait depuis quatre ou cinq jours.

Autour, on se tait ; les mots ne fleurissent pas dans les bouches : les pensées semblent arrachées aux esprits comme les bourgeons des rosiers dans les deux bacs en bois de la cour.

Enfin une voix crève le silence lugubre :

– Geoffroy, vous pouvez nous laisser, s'il vous plaît ?

Et le cadavre se met en mouvement.

Aussitôt la jupe de la directrice tournoie dans l'esprit de la femme aux yeux verts. Elle revoit les fleurs criardes qui s'épanouissent comme des taches coupables sur le tissu plissé ; elles croissent dans la matière noire, satinée; s'élèvent vers une bande de ciel blanc et mince : le tour de taille svelte de la femme de pouvoir. Les roses se dressent sur des tiges dorées, nues : les têtes, excessivement roses, sont soutenues par ces tiges épineuses et brillantes, dépourvues de feuilles, pour former une couronne de fleurs qui délimite ainsi la terre du ciel et les couleurs extrêmes de ce vêtement violent.

Elle ne dégage pas un parfum sublime, cette directrice en jupe, debout sur l'estrade, mais l'air nauséabond d'un pouvoir perverti, des sommets institutionnels où on ne parle plus de la souffrance des êtres mais des indicateurs de qualité du processus de certification et de la visite prochaine des experts accréditeurs. Parce que ce discours a été longuement étiré par les bouches mielleuses qui se sont succédé sur le devant de la scène durant la journée d'accueil des nouveaux arrivants.

Qu'elle est injuste, celle qui ne fait pas le tri de ses propres déchets chez elle alors que l'hôpital éthique se préoccupe si scrupuleusement de l'écologie, du développement durable et de l'empreinte carbone produite par son activité. Ces thèmes plus porteurs que la folie, la violence, la dépression et le suicide. Oui, sa charte verte sent bon l'avenir de la planète sinon le soulagement de la souffrance morale. Elle devrait humer la promesse en quatre points et douze tirets : sa qualité de vie au travail s'en trouvera augmentée et le bien-être ressenti effacera l'image violacée de la mère de Geoffroy pendue dans la chambre du jeune homme, elle effacera l'odeur du corps en décomposition, lesquels empestent les paroles puantes du fils, gangrènent ses hallucinations viciées et contaminent maintenant l'écriture âcre, rageuse, de la femme aux yeux verts.

L'homme à la chemise blanche est revenu, tremblant, à la porte, ses yeux noirs désespérés :

– Je vais fumer… Vous pouvez venir dehors avec moi ? Je me sens si mal, aidez-moi, je vous en supplie !

Personne ne décolle de sa chaise.

– S'il vous plaît… Je cherche une raison de vivre !

Combien de temps s'est-il écoulé depuis que les effrayés ont été expulsés du bureau ? Ou poliment invités à quitter la pièce ? Depuis combien de temps sont-ils tous sortis à la queue leu leu ? Et quelques instants après, Geoffroy ?

L'équipe a discuté, débattu, reçu deux appels téléphoniques, mis en route trois fois la machine à café dont le moteur assourdissant – jamais entendu dans les publicités télévisées – a opportunément recouvert le malaise de l'équipe.

Les yeux noirs fixent la femme aux yeux verts, puis tous les yeux dans la salle. L'homme en blanc attend.

– Elle arrive, agrée un collègue dans un soupir.

Dès lors autorisée à l'accompagner dans sa quête éperdue d'une raison de vivre, elle se lève et le suit dehors.

Parfois, au travail, dans une équipe, avant de pouvoir donner de soi-même, l'habilitation collective apparaît tout à fait nécessaire – non : strictement indispensable. À moins de déclencher une polémique louche. Voire une haine plus franche.

Quand ils sont partis, à l'intérieur du bureau, on dit que le délire de cet homme fatigue. Elle l'a entendu. On le répète à la femme en fin de journée quand on s'en va, quand on marche dans la rue en chemin vers le bus qui ramène au domicile, tandis qu'on se sépare jusqu'au lendemain pour tout recommencer.

Sur la cour intérieure, il pleut comme sur la campagne dans le poème d'un poète belge : une pluie filamenteuse pend longuement du ciel et trace des fils mouillés dans l'air gris ; ses gouttes effilées suintent des nuages, des toitures et des arbres ; perlent des feuilles des acacias et s'écoulent lourdement sur le gravier et les bancs détrempés. La pluie tombe gravement sur la ville, la dilue patiemment, la noie lentement. Et au-delà de ces murs, le ciel pleure ses fines larmes d'eau sur les passants, les clochards, les exilés, éclaboussés ensemble dans les rues inondées.

Tout juste au sec, l'homme et la femme se tiennent frissonnants sur le seuil de l'immeuble et contemplent cette grande toile froide ruisselante qui tremblote devant eux.

– C'est mon chagrin qui tombe du ciel. Mon chagrin remplit mon cœur, déborde dans le ciel et retombe sur Terre.

Son chagrin à lui sature sa vision à elle.

De son poing droit, l'homme, à côté d'elle, se frappe la poitrine durement.

– Mon cœur est à la peine.

L'averse dégouline sur le porche, a noirci depuis longtemps les trois marches luisantes à leurs pieds.

– Comment on fait pour trouver une raison de vivre ?

La pluie devant eux. Elle embue ses yeux.

Dans l'air humide et gris, dans une triste odeur de tabac, la question est réitérée :

– Dites-moi : comment vous faites ? Comment on fait pour trouver une raison de vivre ?

Une main hâlée agrippe son bras et serre :

– L'espoir, vous le trouvez où ?

22.

Dans la cour intérieure, les tables et les chaises, métalliques et colorées, rouillées et tordues (elle ne le voyait plus) ont été remplacées par du mobilier de jardin plus résistant : des tables et des chaises en métal et fer forgé, plus solides, et tous blancs. Sous les acacias, trois nouveaux bancs d'arbre encerclent les troncs. Et le banc en bois contre le mur grisâtre, ce banc entre les deux rosiers qui ne fleurissent pas, carbonisé un week-end de fermeture, a été, lui aussi, remplacé par un banc de métal neuf : son dossier représente un papillon. L'aspect de la cour en est radicalement changé.

– Vous voyez, tout ce blanc, c'est le blanc de l'œil. Nous sommes tous dans l'œil de la conscience. De petites taches, de la poussière qui irrite les yeux de Yahvé. Regardez ! Une ombre ! C'est la paupière de Dieu qui se baisse !

L'homme aux cheveux noirs découvre l'espace transformé. Quant au nuage, et à son ombre sur le gravier, ils n'ont pas l'effet d'une paupière qui se referme sur la femme.

Elle ne veut pas penser à la couleur des chaises et des bancs, au blanc de l'œil, à une conscience qui la juge, à la tache qu'elle constituerait dans l'œil de Dieu. Elle ne veut pas sentir un voile géant de chair l'emprisonner dans un regard auquel elle ne pourrait jamais échapper, collée à l'œil du monde. Elle ne veut pas étouffer dans l'esprit de l'homme aux yeux noirs. Pleurer de tristesse, pour lui, tous les soirs, dans son lit, avant de s'endormir, au chaud, derrière les rideaux tirés de sa chambre douillette. Rideaux mauves en taffetas satiné. Fenêtres qui donnent sur une cour intérieure goudronnée. Avec un peu de mousse. Dans les coins de la bouche.

De toute façon, le pape a été renversé par une météorite, elle l'a vu au musée, à la Monnaie de Paris, où elle s'est rendue pendant ses vacances, *en soutane blanche, vainement accroché à sa croix, le caillou tombé du ciel, écrasant ses jambes, lui, les yeux fermés, le visage crispé de douleur, les phalanges serrées, blanchies autour du sceptre. Et dans un couloir, entre deux salons, l'artiste sur la corniche, perché en hauteur avec les pigeons, toise les visiteurs, le sourire ambigu, quelque part entre le narquois et le bienveillant. Grâce à lui, comme la figure en soutane, ces oiseaux sont devenus inoffensifs : ils ne chieront pas dans ce bâtiment majestueux. L'arrière-train, le cul naturalisé du cheval sectionné non plus. Les œuvres exposées étaient peu nombreuses, malgré cela, elle a bien failli se prendre les pieds dans Hitler, le dictateur en petit garçon moustachu, à genoux, priant peut-être. Embarrassée, elle s'est plantée en retrait près d'une fenêtre, a dirigé son regard vers l'extérieur et a suivi deux cygnes sur les eaux vertes de la Seine, voguant lentement, emportés doucement par le courant.*

Il est midi, tout le monde rentre manger. Elle s'assoit avec d'autres que l'homme à la poursuite d'une raison de vivre.

À sa table, le calme.

Elle tend l'oreille à un dialogue qui s'ébauche difficilement dans son dos, elle écoute Satyajit, elle ne discerne pas distinctement la voix trop basse de son interlocuteur, alors elle se laisse bercer par les réponses de l'Indien.

– Non, moi j'ai une femme de ménage.

– …

– Elle vient chez moi mettre de l'ordre dans mes affaires. Je n'ai pas appris à faire le ménage.

– …

– Non, je ne sais pas passer un balai.

– …

– Non, je n'ai jamais appris. Je n'ai pas pris cette habitude.

– …

– Non, je ne peux pas trier mes vêtements. Ils font du désordre. Ça traîne par terre et c'est comme le courant d'un fleuve dans l'appartement et j'ai peur que ça m'emporte mais je ne peux pas faire autrement. Ou ça s'empile et c'est fixe et solide, comme une montagne mais le sommet est trop haut et je ne peux pas déranger la base. Tout pourrait s'effondrer.

– …

– Qu'est-ce qui pourrait s'effondrer? Moi! Pardi! Si je suis déstabilisé dans mes habitudes, je me sens perdu. Je suis perdu! Je ne pourrais pas reprendre ma routine. Me relever et continuer. Il faut que la femme de ménage vienne chez moi toutes les semaines et me parle.

– …

Elle le relève, elle le trie et le range, se dit la femme.

– Non, je n'ai jamais mis une machine à laver en route. Non, je n'ai jamais lavé un vêtement à la main. Toi, tu peux, c'est bien, mais moi, je ne peux pas faire ça.

– …

– Non, moi, je n'organise que mes projets. Je ne range que mon bureau, mes classeurs, mes papiers. Pourquoi tu me poses autant de questions sur ce que je fais de mes habits? J'habille et je déshabille la phrase.

Pourtant, pleurer pour l'homme aux yeux noirs, il le faut bien, car, sinon, qui pleurera pour lui? Qui connaîtra sa tristesse? Qui la connaîtra comme lui, avec lui? Pour qu'il soit compris jusqu'aux limites du possible? Qui connaîtra son chagrin infini comme il le connaît, lui, tous les jours, à chaque instant? À quoi ça sert, un lieu où l'autre ne peut pas parler librement de sa souffrance, de son expérience intérieure ,sans qu'on lui rappelle que ça suffit, parlons du concret maintenant, vous avez fait réparer votre télé? Lui qui vient si peu, qui reste si peu de temps, qui trouve si difficile de venir, de parler, c'est un tel effort de s'entretenir avec l'autre dont on ne sait comment il réagira – avec lassitude? fatigue? C'est si dur d'être si différent des autres.

À quoi ça sert des soignants tellement préoccupés par les bonnes pratiques qu'ils en oublient de se décoller de leur écran, de leurs protocoles et de leur bureau pour aller écouter?

Comme on le lui a conseillé, elle a bien essayé de le rattacher au concret, ça ne marche pas toujours, c'est parfois impossible. Elle l'a interrompu, ils étaient à l'intérieur, dans un petit bureau, et puis elle lui a dit : venez, venez, je vais vous montrer quelque chose, et elle l'a entraîné dehors, dans la cour intérieure, et elle a dit : regardez, regardez le ciel, ce bleu, regardez comme il est limpide, et ces feuilles d'acacia, là, voyez leur vert, voyez leur ovale, et tout ce gravier, ces pierres, encore mouillées par la nuit, elles brillent, elles sont belles, non ?

Elle s'est penchée, elle en a empoigné une, elle l'a ramassée pour lui, cette pierre, ce caillou gris, aux bords ronds, à la ligne claire et nette qui le partageait en deux. Elle lui a expliqué qu'elle voulait lui montrer du Beau, qu'il n'y a pas que le Laid, le Mal et le Chagrin, mais il a répondu, consterné :

– Vous voulez me montrer du beau ? Mais je suis Yahvé !

– …

– Et les hommes m’ont montré tant de laideur ! Ont fait tant de mal dans les pays qui commencent par ma lettre, le Yémen et la Yougoslavie ! Maintenant également dans ce pays avec un Y en deuxième position : la Syrie !

– …

– Je souffre tant de ma tristesse !

Il s’est assis, a regardé cette femme devant lui, a semblé soudain découragé par tant d’incompréhension chez elle. Le risque que représente l’effort de s’expliquer à l’autre, elle l’a redécouvert. Avec honte. Elle a failli. L’épouvantable désillusion, elle l’a lue sur son visage brun. Il croyait en elle, mais il s’est trompé. Encore cette envie de pleurer. Pour elle-même ou lui, elle ne sait pas. Les deux.

– Pardon. Je n’aurais pas dû vous montrer le beau…

– Je vais continuer à vous parler… Parce que j’ai commencé… Je ne peux pas m’arrêter… Il y a beaucoup à dire…

Petit silence, regard perdu dans le gravier, assis sur une chaise, jambes qui balancent, bras en mouvements aussi. Joues creuses. Barbe noire qui pousse trop noire et trop vite.

Il a allumé une cigarette.

– Les hommes se font tant de mal…

– …

– Vous portez tant de violence et de haine en vous que vous vous faites la guerre. Moi aussi, du reste.

Des syllabes traînantes, des mots chuchotés, des mots accentués : le débit de la révolte avec la tonalité du désespoir.

– Vous allez jusqu'à vous entre-tuer pour savoir qui est le plus fort, qui sera le dernier homme debout, les bras levés au ciel.

Il a levé les yeux vers le ciel, ramène sa main droite vers son cœur.

– Les hommes froids détruisent mon cœur, le cœur de Yahvé. Est-ce que vous savez que seulement dix pays au monde sont considérés comme totalement préservés de conflits cette année ? À cause de ce qui se passe au Moyen-Orient. Dans la péninsule arabique dont je viens…

Il s'est pris la tête dans les mains.

– Je vais vous parler de la Libye, de la Syrie et du Yémen. Qui a été une ancienne colonie britannique.

Mais évidemment elle exagère.

C'est quoi, ces mots, cette expression de « bonnes pratiques » face à ce tourment-là ? Elle ne sait pas, cette femme-là.

Il pourrait exister une jouissance à approcher ce délire ? Elle a entendu ce soupçon, ce serait une jouissance que de l'écouter délirer ?

Non, il n'y a que de la tristesse, une terrible, une abominable tristesse, celle de savoir qu'elle ne peut rien pour lui, ou plutôt si peu. Il n'existe pas de remède pour les extrêmes de la folie. On peut offrir juste du temps, de la chaleur humaine. Rester autant que possible. Écouter vraiment, sans fuir. Essayer d'être vraiment avec l'autre.

Elle voudrait rester, mais…

– Le Yémen est mon pays de naissance, et puis pendant mon enfance, j'ai vécu en Libye et en Syrie, mais mon véritable lieu de naissance est l'alphabet.

23.

Elle repense à tout cela un samedi matin, tandis qu'elle marche le long des quais, dans les amas de feuilles brunes broyées, tandis qu'elle se balade dans la gadoue automnale. Et les joggeurs, en couleurs primaires phosphorescentes, courent là-dedans, sans glisser alors qu'elle dérape dans ses chaussures de ville aux semelles trop lisses. Posant les pieds prudemment dans cette bouillie brune, elle passe devant le banc où elle s'est assise avec son mari un week-end dernièrement.

Est-ce une jouissance d'écouter l'homme aux yeux noirs ? Car s'intéresser à lui (accessoirement à son délire) amène cette question, ce doute tel un pieu enfoncé dans le cœur d'un vampire comme dans le film que son mari regardait à la télévision anglaise hier à minuit, où, du crépuscule à l'aube, George Clooney faisait couler le sang pour Tarantino avant de faire couler le café pour Nespresso du matin au soir.

Non, non, non. Trois fois non. Ce qu'elle ressent pour l'homme aux yeux noirs, ce n'est que de la tristesse ou du regret pour l'intensité de sa peine et l'immensité de sa solitude. Elle ne ressent aucun plaisir, aucune volupté à pleurer pour lui dans son lit ces derniers temps presque tous les soirs.

Elle se promène sous les arbres et se laisse surprendre par une chute doublée : une feuille jaune et son ombre. Et elle se dit qu'elle aussi, elle tombera – de l'arbre institutionnel. Elle s'en détachera : sa décision est prise.

24.

L'homme qui a une passion pour le Y pense au pays démantelé, disparu.

– Maintenant on dit l'ex-Yougoslavie. J'espère que Yaëlle ne sera jamais mon ex. Il n'y a qu'elle. Il n'y a qu'elle pour moi.

Seul ou à deux, prostrés ou agités, silencieux ou bavards, assis ou déambulant et crissant doucement dans le gravier, on découvre le nouveau décor de la cour ; on ne s'habitue pas vite à l'espace reconfiguré. Au blanc. Alors on finit sa cigarette et on rentre où tout se ressemble encore, on retourne à l'intérieur où rien n'a changé pour l'instant.

Dehors, la table, métal calme, indifférent, impassible, supporte les deux coudes qui s'appuient sur sa surface.

– Tu as vu ? Il ne reste que toi et moi. Les autres sont tous partis.

Constat et ton sont attristés, résignés. Ça serre le cœur de celle qui demeure avec lui, seule sur une chaise blanche. Les yeux verts survolent la cour d'un regard. Oui, il ne reste plus qu'eux sous les acacias dénudés.

– C'est pour ça que je te tutoie. Parce que tu es la seule qui reste quand je me laisse aller à être moi-même. Quand je suis Yahvé et trop grand pour les autres. Ils ont trop peur. Ils partent. Tu les as vus ?

Elle ne peut pas le contredire, le désirant pourtant tellement, voulant tellement que ce ne soit pas vrai. Tous accaparés, fatigués, usés, déçus. Il y a tant à faire. Et ils sont toujours menacés par le sous-effectif et le travail est si dur : il y a tant de misère morale et sociale à supporter. On pourrait en dire plus mais on se répéterait.

– Ils quittent le bureau, ils se lèvent et nous laissent, ou bien ils me demandent d'en sortir, disant, on a des transmissions à se faire. Ils quittent la cour, ils rentrent parce qu'il faut retourner au travail comme s'il ne se faisait que là-dedans, derrière les murs, devant un ordinateur ou au téléphone, dans un entretien ou un groupe. Comment je peux être en groupe ? Yahvé dominerait le groupe.

Le bout de ses chaussures noires pointe vers le ciel tandis qu'il parle amèrement.

– C'est comme si je n'avais pas le droit d'être moi.

Son doigt hâlé, à l'ongle si court, pousse un caillou sur la table. Le caillou traverse un désert blanc, aboutit au bord rond de sa surface, débouche sur un précipice, il appartient pour encore un instant à ce monde circulaire et lisse, puis bascule dans le vide, pour se perdre parmi tous les autres cailloux dans le gravier, indissociable de l'infinité de pierres blanches, brunes, jaunes, grises, ocre.

– Si j'exprime mon essence divine, on se sauve, on me laisse à ma solitude et à ma colère. Pourtant, il n'y a qu'ici que je peux en parler.

Son doigt trouve un autre gravillon sur la table. La main martyrisée dans l'enfance roule le caillou à travers l'immensité de sa solitude, le conduit vers sa limite extrême, attend un peu, considère le rebord et l'espace au-delà, pousse le gravillon qui hésite, balance, oscille, tombe, disparaît.

– Mais même ici, on ne peut pas écouter tout mon tourment qui vous écrase.

Froide, insensible, la chaise en métal et fer forgé soutient sans plier, sans douceur, un homme amaigri aux yeux noirs enflammés, tourné vers elle.

– Et comme tous les autres, tu vas finir par t'en aller, toi aussi.

25.

– Yahvé s'est fâché.

– Vous êtes en colère ?

– Non, Yaëlle est en colère.

Elle ne comprend pas. Qui s'est fâché ? Lui ? L'homme aux cheveux noirs, aux yeux noirs, à la peau hâlée ? Ou Yaëlle ? Celle qu'il aime ? Il devine sa confusion et clarifie son propos pour elle :

– Yaëlle est devenue Yahvé.

– …

– Je n'ai plus de force en face d'elle, elle décide de tout, elle est devenue Yahvé…

– …

– Elle veut que je travaille, elle veut des bijoux, elle veut des vêtements, elle veut des chaussures et des sacs, elle veut manger au restaurant…

– …

– Elle veut un appartement, pas une chambre d'hôtel.

– …

– Et moi, qu'est-ce que je peux faire pour elle ?

– …

– Je l'aime, elle est tout pour moi.

– …

– Mais je ne sais pas lui dire non.

– …

– Et je ne peux pas travailler.

– …

– Regarde !

Il avance ses mains vers elle, il lui montre ses mains brunes. Elle voit ses ongles très courts, ses doigts qu'il dit blessés, coupés, torturés.

– Tu vois comme elles tremblent, mes mains ? Je peux à peine tenir un stylo, je ne peux pas écrire sans que les mots bougent. Je ne peux pas tenir une fourchette ou une cuillère sans renverser ce que je mange. Tu as vu comme je tremble quand je coupe la viande avec un couteau ? Comme je tremblais hier pendant la sortie, au parc, quand je voulais percer le carton de jus avec ma paille ? Je t'ai demandé de le faire pour moi, j'étais obligé de te demander de l'aide, pour ça, comme un enfant…

– …

– Et la boisson fraîche dans mon ventre est devenue un bloc de glace. Tu as vu comme mes jambes se sont repliées d'un coup ? Je me suis retrouvé par terre, à genoux, mon estomac n'était pas assez solide pour ce poids si froid.

Ses yeux l'implorent, ils pèsent sur elle.

– Mes jambes ! Regarde-les ! Je ne peux pas les empêcher de courir même quand je suis assis…

– …

– Et puis mon cerveau… Il n'est même pas allumé tous les jours… Et aussi : je me fatigue si vite… Souvent je m'endors à quatre ou cinq heures de l'après-midi… pour me réveiller à huit ou neuf heures le lendemain…

Deux oreilles l'écoutent. Elles entendent que la longueur de ses nuits n'a d'égale que la lourdeur de son sommeil, et le poids de sa vie…

– C'est l'effort pour être avec les autres…

– …

– C'est trop dur… cette tension constante me fatigue, elle m'épuise…

– …

– Je ne suis pas un homme pour une femme aussi belle et aussi forte que Yaëlle…

– …

– Elle m'a pris mon Y…

– …

– Mais sans mon délire, je n'ai plus rien, je ne peux plus m'accrocher à mes pouvoirs imaginaires. Sans mon délire, je ne suis plus rien, je ne suis plus personne…

– …

– Quand j'étais le Y, une main dans le Bien, une main dans le Mal, debout, redressé et fort, je les départageais. Les bras levés, et moi au milieu, je pouvais me tenir droit. Être droit. J'étais comme renforcé.

– …

– Il y avait un équilibre… un équilibre en moi…

– …

– Maintenant, je ne sais pas ce qui va se passer…

– …

– Je ne sais même pas si je vais pouvoir passer la journée de demain…

Des paroles si tristes, une voix si désespérée, une âme résignée pour un constat amer : ce cœur cassé, cette âme brisée ne pourront pas être réparés – il existe des fêlures trop grandes, trop profondes pour réussir des réparations durables ; on bricole, on tente de les consolider pour qu'ils se maintiennent un peu plus longtemps ; on rafistole, on rabiboche, c'est tout. Ce monde, cette société, est trop dur, trop exigeant, trop égoïste pour les cœurs et les âmes les plus sensibles. Tant de méconnaissances, de frontières, de murs séparent les hommes les uns des autres : on trouve toujours à commenter, critiquer, dénoncer ce qui se passe d'un côté ou de l'autre. Sans comprendre.

Avec si peu de tolérance pour les différences.

Quand la souffrance est tellement impressionnante, on n'ose pas promettre l'espoir. On avance avec précaution. Le fou exige que l'on prenne sa folie au sérieux ; le désespéré exige que l'on prenne son désespoir au sérieux. Et ils ont bien raison. En silence ils nous jugent sur notre capacité à les accepter comme ils sont. À notre patience. Attendre. Lentement laisser l'espoir naître en eux…

Souvent ils font semblant de croire ce qu'on leur dit, de croire à nos banalités rassurantes, parce que les autres, toujours les autres, qu'ils portent la blouse blanche ou pas, se déclarent les véritables experts de la maladie et de la santé : ils ont l'expérience, les diplômes, les métiers pour le prouver. Ou ils ont une fausse tranquillité d'esprit pour assurer : la réhabilitation, la rééducation, l'insertion, c'est possible pour tous. Pour vous aussi.

Mais non, pour certains c'est inenvisageable. Coûte que coûte, survivre à chaque satanée journée, chaque heure maudite, constitue un exploit pour les plus fragiles.

Là, sur le gravier, sous les acacias, les deux personnages principaux de cette histoire sont un peu à l'écart du monde cupide où l'on aspire au minimum à des vacances exotiques, une voiture neuve, une résidence secondaire. Les rêves ici sont plus modestes : un manteau de marque éventuellement, un paquet de cigarettes pour finir la journée plus sûrement, des repas chauds tous les jours, moins de solitude le dimanche. Et puis l'amour pour Yaëlle a grandi, il a bouleversé l'homme aux yeux noirs, il ne résiste plus à son charme et Yaëlle lui a tout pris. La femme aux yeux verts craint qu'il ne lui reste même plus une passion pour le Y.

Dans la cour, un jour, il a déclaré : « Quand le Y parle, je sais que c'est moi. » Elle se demande aujourd'hui : sans cette lettre magique pour lui, maintenant, qui est-il, qui sera-t-il ?

À table, un midi, il a déclaré devant une part de lasagnes industrielles sur une assiette blanche institutionnelle : « Je ne peux pas manger ça. Je n'ai besoin que de mots. Et de Y. » Elle pense maintenant : le Y est l'avant-dernière lettre de l'alphabet et quelques semaines plus tôt ce héros a donné son avant-dernière cigarette à un autre pour éviter une bagarre. Dès le commencement elle avait décidé : le Y est la vingt-cinquième lettre de l'alphabet et elle n'aura besoin que de vingt-cinq chapitres pour écrire leur aventure.

Son mari remarque : « Je vais bientôt travailler au vingt-cinquième étage d'une tour de bureaux. De là, je verrai la montagne et toute la ville à ses pieds. » Elle pense : son nom à lui, le nom de l'homme qu'elle a épousé, aux yeux noirs, aux cheveux noirs, à la peau brune, commence par la vingt-sixième lettre de l'alphabet. Voilà ce que rumine en elle-même, sa femme à la peau claire, aux cheveux fins, aux yeux verts.

26.

– Elle n'a pas peur, elle a de la force ! avait presque crié, un matin dans le couloir, l'homme aux cheveux noirs à un collègue de la femme aux cheveux fins.

Que pouvait-elle répondre ? Elle ne pouvait pas corriger, rectifier, le détromper, articuler : non ce n'est pas ça ! Elle ne pouvait pas lui confier : je me reconnais en vous ; moi aussi, j'ai cet alter ego, une autre en moi, plus courageuse et plus forte que moi. Mais qui elle aussi me fait peur. Comme vous, moi aussi, j'ai un double intérieur. D'ailleurs il ou elle décrit en ce moment votre bataille qui est aussi la mienne. Moi aussi, comme vous, je me bats contre le mal autour de moi, je me débats contre l'obscur en moi, je vise le bien, et j'essaie de me débrouiller avec le gris.

Mais cet échange n'a pas eu lieu. Il ne devait pas exister entre une infirmière et son patient, entre le patient et son infirmière référente. De toute façon, la femme aux yeux verts n'exerce plus cette fonction.

On lui avait demandé six mois plus tôt, pourquoi tu n'écris pas un délire ? La psychologue, on ne sait pas laquelle, elle en côtoie plusieurs, une dizaine au moins, s'adressait à la femme aux yeux verts dans une brasserie. Des milliers de livres en tapissaient les murs. Celle qui a les yeux marécageux avait songé, mais je ne veux pas écrire un délire, je ne peux pas écrire ce que je vous raconte dans ce café, le ravage intérieur de cet homme aux yeux noirs, dont vous ne connaissez pas le nom, je ne peux pas lui faire ça. Jamais je ne recommencerai le récit d'un présent infini qui s'arrête seulement avec un point final dans un livre car les vies dedans sont des vies réelles qui continuent dehors.

Finalement, elle aura inventé un faux délire autour d'une lettre de l'alphabet, elle se sera surtout efforcée d'évoquer la naissance d'une relation vraie.

Elle aura fini par composer un ouvrage très court pour être lu par des gens très pressés. Elle a voulu un hommage bref à ceux qu'elle veut garder en vie, à ceux qui la gardent en vie.

Elle espère qu'on lira leur rencontre, les yeux brillants parce que ceux qui ne croient pas au merveilleux ne le verront jamais. Pourtant il se trouve tout autour, dans les lieux et les êtres les plus improbables. Cependant il se dérobe, voilé, dans le langage.

Écoutez vraiment ce qui se révèle à vous dans le bruit des bouches.

Il existe des paroles entourées de fils de fer barbelés. Vous ne les connaissez peut-être pas. Écoutez-les. Si vous le pouvez. Ces paroles-là irritent la gorge de celui qui parle et les oreilles de celui qui écoute. Ici, sur le gravier, et entre les murs du rez-de-chaussée de cet immeuble, invisible derrière sa clôture noire, sa grille aux barreaux resserrés, les mots et les phrases, les questions et les réponses grattent, éraflent, écorchent, coupent et tranchent. Ils déchirent le cœur et l'esprit, ils les mettent en pièces et en lambeaux, c'est physique : ça fait du bruit, un vrai bruit bien sonore de déchirure, avec écho. Écho, écho, écho. Ils résonnent dans la chair, ils vous poursuivent le soir, quand vous rentrez chez vous en marchant, que vous glissez sur une feuille dans la bruine du soir à la fin de l'automne et que vous tombez dans une flaque d'eau, quand vous vous relevez trempée, tachée, salie, quand vous êtes assise dans le tramway et le bus, quand vous faites vos courses, quand vous préparez à manger, quand vous buvez votre thé tiède, quand vous regardez la télévision sans la voir parce que les conversations nées dans le gravier se répètent en boucle le jour et la nuit, chez vous, dans votre lit, vos rêves et vos cauchemars. Et vous pleurez pour ceux qui sont si malheureux que ça ne peut même plus s'écrire au sec, mais seulement dans le flou des larmes et l'insuffisance des mots.

Mais le merveilleux est là.

Elle *est* parce qu'il *est*, le texte *est* parce qu'ils *sont* : elle, la femme aux yeux verts, et lui, l'homme aux yeux noirs. Parce qu'ils ont été là, sous les acacias. Où ils ne seront plus un jour que des fantômes. Qui hantent. Des fantômes, des souvenirs, des ombres. Du pâle qui s'efface.

Elle l'oublie, cette vie n'est qu'un ruisseau scintillant et louvoyant qui glougloute entre les roseaux, sous les saules pleureurs, et qui se perd dans les rivières, les fleuves, la mer et la mort.

Mais en ce qui la concerne, elle ne traque plus la consolation comme l'écrivain-chasseur traque le gibier. Non, pas de consolation pour elle, ce n'est pas ce dont elle a besoin, elle ne cherche pas le réconfort, elle n'en veut pas, elle en est venue à s'en méfier, elle ne lui fait plus confiance, à celui-là. Le thé lui suffit. Le confort ou le réconfort : elle considère ça de plus en plus suspect pour elle-même. Elle, elle recueille des joyaux qui resteront secrets pour ceux qui ne sont pas prêts à explorer la relation à l'autre et ses étrangetés les plus fantastiques, les plus épouvantables : l'expérience intérieure de la rencontre avec l'autre jusqu'à ses limites extrêmes, inconnues.

Parce que, quand il le faut absolument, elle sait voir le beau comme un éclat de quartz qui étincelle au milieu du gravier mouillé d'une cour. Parce que, quand il le faut, elle sait quelle musique écouter au creux la nuit quand elle est allongée dans son lit et que l'insomnie est sa compagne. Parce que la révolte contre l'injustice, le mensonge et les apparences de la liberté sont ses raisons de vivre à elle. Parce qu'elle sait quels livres ouvrir pour se remplir d'espoir et y puiser encore davantage de force – et s'il n'y en a pas assez pour faire face, elle écrira pour la créer, cette solidité intérieure qui lui sera indispensable pour lutter, résister.

Parce qu'elle sait qu'en dernier recours le poème subsistera quand plus rien d'autre ne conviendra – le poème flamboyant, chatoyant, royal. Mais surtout parce qu'il y aura toujours des mains à prendre dans les siennes. Une main à tendre pour dire bonjour là-bas dans cet endroit qui n'est pas un hôpital mais le quai d'une gare avec sa salle d'attente, sa cafétéria, son patio, ses voyageurs à la destination incertaine. Ses cheminots…

Et chez elle, elle alignera des perles de folie et de magie en chapitres qu'elle ne pourra pas lui offrir, à lui, l'homme à la peau hâlée, et à tous les autres qui lui tendent la main là-bas.

En octobre, réagissant aux propos tenus lors d'un forum auquel elle a assisté dans une salle opulente (cheminée sculptée, moulures, lustres élégants, parquet ancien, rideaux de velours, passementerie, bouquets de fleurs), elle s'est insurgée face à l'analyse d'un intervenant selon lequel l'écrivain, lorsqu'il écrit, « évalue » un sentiment.

Elle n'est pas d'accord. Pas du tout d'accord. Alors elle a protesté dans un courrier envoyé à l'un des organisateurs du colloque (elle a choisi de l'adresser à une femme, elle lui rappelle son analyste, une vague affaire de paupières).

Du sentiment, elle a soutenu dans la lettre qu'en tant qu'écrivain, non, elle tente *justement* et *seulement* de le *décrire*, de l'appréhender, de se le représenter au moyen de la littérature. Elle n'effectue pas une « évaluation » : elle se fracasse contre sa propre difficulté à saisir le sentiment ou l'émotion, à les comprendre, elle se débat avec « l'incommunicable qu'elle souhaite rendre communicable ». Formule d'un homme qui a durement bataillé.

Elle aura encore tenté « la transmission de l'intransmissible », comme l'a écrit un autre avant elle, longtemps après l'instant de sa mort auquel il aura survécu. Ami de celui qui a bataillé.

Soupir. Elle voudrait n'avoir écrit ni un témoignage ni un document ni un pamphlet ni un essai ni une nouvelle. Un texte hors catégorie qui ne rentrerait pas dans une case, est-ce possible ? Elle repense à l'homme aux yeux noirs qui se classe dans le jargon des professionnels du soin comme un « cas lourd ». Elle se dit qu'il a dû entendre ce terme à travers une porte de bureau – c'est bien connu, en l'absence des malades, les soignants stressés, déconsidérés, ont moins de tact (heureusement, seulement dans les bureaux, portes fermées; ou bien dans les couloirs où l'on chuchote toujours très discrètement).

Et elle repense à l'aviateur triste, à son recueil traduit en plus de deux cent cinquante langues ou dialectes comme le lui a appris Bernard. Il se désolait : les adultes ne comprenaient pas ses dessins d'enfant. Qu'ouverts ou fermés, ses reptiles digérant leur proie ne les intéressaient pas : les adultes voulaient que l'enfant étudie des sujets nobles comme les matières scolaires, lesquelles servent davantage. L'auteur, qui volait de nuit et ne confondait pas le pays du Levant et l'état désuni de son avion, se forçait à vivre au niveau de ces adultes obtus, se résignant aux conversations sérieuses, ennuyeuses, comme autour de la femme aux yeux verts on disserte sur les séries télé, les recettes de cuisine, l'éducation des enfants, ses voyages et ses chaussures entre personnes raisonnables. Dans des moments conviviaux. À la pause-café.

La femme à la peau claire, elle, préfère les conversations graves et effrayantes avec les insensés sur une raison de vivre qui fait défaut, sur la tentation du suicide et la peur de la mort qui persistent. Cela lui apparaît plus vrai. Mais on lui demande de s'écarter de ces sujets car il paraîtrait qu'écouter le délire, l'angoisse et le désespoir, c'est dangereux pour le malade et risqué pour le soignant.

Mais que faire quand le patient explique qu'il n'y a que ça qui l'anime, qu'il explique qu'il s'y accroche de toutes ses forces pour qu'il n'y ait pas encore moins que ses croyances extravagantes en lui – c'est-à-dire rien : absolument rien du tout.

Alors il faut bien l'écouter.

Non ?

En tout cas, celle qui écrit ne peut pas faire autrement. Elle ne peut s'y soustraire.

Le dessinateur raté a avoué qu'il n'avait personne à qui parler profondément jusqu'à son accident d'avion dans le désert et sa rencontre avec un petit souverain de l'espace, débarqué d'un astéroïde lointain. Le garçon des étoiles lui a demandé le croquis d'un mouton. Le pilote a hésité, il s'est souvenu qu'il ne savait que griffonner des reptiles ouverts ou fermés. Il a hésité et s'est inquiété comme l'éducatrice spécialisée (reconversion récente obtenue par la validation des acquis professionnels de la femme aux yeux verts) qui ne parvient pas à ouvrir et fermer son cœur à volonté car il lui tient tête, son muscle cardiaque, il n'en fait qu'à sa guise. Elle ne peut que s'abandonner à lui. Malgré elle, il la guide vers ceux qui possèdent des clefs très singulières comme une passion pour le Y, des clefs qui ouvrent des portes sur l'authentique, pas des clefs qui ouvrent ou ferment serrures et cadenas de toutes petites pièces sans fenêtres sur l'énigmatique.

Comme cet être pour lequel elle devait faire un pas hors d'elle sur le gravier pour exister en allant vers lui.

Ces êtres possèdent des clefs qui la font écrire.

On se l'est déjà demandé : serait-elle folle ? Plus suffisamment du côté des soignants, trop du côté des intranquilles ? Elle ne le croit pas, se demande s'il y a des côtés, sait par contre que l'espoir qui l'habite est immense ; trop grand pour loger en elle, il se déverse sur la page. Peut-être que cela dérange.

L'espoir, c'est simple pourtant, elle le crée, le fabrique avec des mots qu'elle choisit et combine en phrases, qu'elle enchaîne en paragraphes et chapitres pour qu'il s'intensifie, qu'elle le sente, qu'il l'infuse, l'irrigue ce sentiment puissant et créateur. Envers et contre tout. Il sera toujours énorme, de taille à affronter tout ce qui se dressera ou se creusera devant elle.

Writing is more than hope. Literature is more than life. Here the words come in English, she can't explain it, la langue maternelle surgit inexplicablement.

Trois acacias comme trois baobabs. Parce qu'elle-même a grandi à la campagne à l'ombre de ces arbres piquants, aux fleurs blanches que l'on mangeait dans des crêpes sucrées au miel.

Et le gravier dans la cour ? Ces gravillons parce qu'elle a grandi au bord d'un fleuve ; en aval, près d'un grand pont, s'était établie une gravière : enfant, elle entendait le ruissellement pierreux des cailloux du jardin mais aussi de l'intérieur de la maison, de sa chambre. Le gravier roulait au loin pendant ses lectures, pendant ses rêveries.

Dans ces vingt-six chapitres, à part des mouvements corporels habituels, des tenues vestimentaires ordinaires et quelques phrases banales, elle aura tout imaginé. Presque tout, elle l'avoue puisqu'elle a subrepticement conservé pour l'éternité quelques formules puissantes parce que trop précieuses pour être oubliées : ce sont les plus belles perles du collier qu'elle confectionne.

Elle n'a pas imaginé une relation très forte et d'autres un peu moins fortes.

Elle n'a pas non plus inventé ni exagéré la violence institutionnelle.

En effet, ce texte aurait pu demeurer caché, la femme de plus en plus ridée, découvrant à la fin du mois de novembre dans le *Journal Officiel* la parution d'un nouveau décret régissant la pratique professionnelle des infirmiers, ce code de déontologie qui comporte une consigne problématique :

« Art. R. 4312-9. – L'infirmier s'abstient, même en dehors de l'exercice de sa profession, de tout acte de nature à déconsidérer celle-ci.

« *En particulier, dans toute communication publique, il fait preuve de prudence dans ses propos et ne mentionne son appartenance à la profession qu'avec circonspection.* »

L'écrivain s'émeut : comment définir l'acte qui « déconsidère » la profession ? Selon quels critères ? Qui les élaborera ? Qui jugera ? Et surtout dans quels buts ?

Elle bouillonne : comment ça, en public, mentionner « avec circonspection » son métier ?! Que veut-on dire par « toute communication publique » ? « Toute » ? C'est radical ! Totalitaire…

Elle fulmine : les infirmiers ne pourront pas répondre aux questions des journalistes pendant qu'ils manifesteront sur la place de la République pour dénoncer l'abandon des plus malades, des plus pauvres, des plus vulnérables aux lois du marché ?

Cet article de loi confine à la censure et à l'autocensure. Sous couvert de retenue, de « prudence ». Car comment participer librement, passionnément, au débat public d'une prétendue démocratie avec une telle injonction ?

Et que penser de la troisième phrase de l'article « R 4312-50. – […] *Il est interdit, pour un professionnel agissant à titre privé sous couvert d'un pseudonyme, et quel que soit le moyen de communication utilisé, d'arguer de sa qualité de professionnel sans dévoiler son identité* » ?

Ce code de déontologie est-il éthique ? Ne contient-il pas en lui-même sa propre ruine morale avec sa volonté de bâillonner les infirmiers qui pensent leur profession, puisque par tous les moyens, leur propre « ordre infirmier » leur « interdit » l'expression de leur pensée !

Depuis toujours, un écrivain a pu écrire sous un autre nom que le sien.

Ce choix, cette liberté, ne s'applique plus depuis le 28 novembre 2016 à une catégorie de personnes : les infirmiers !

Diplomates, hauts fonctionnaires, médecins peuvent, quant à eux, continuer à employer un pseudonyme…

Qu'à cela ne tienne : elle le rappelle, elle s'est reconvertie professionnellement et de toute façon les péripéties relatées se sont déroulées dans une gare, elle insiste, entre voyageurs. Ou entre une serveuse et des clients assoiffés.

Et, c'est cohérent : la directrice en jupe qui a omis de se présenter est en fait à la tête d'une compagnie ferroviaire ! Naturellement, elle s'adressait aux cheminots…

Pourquoi pas ?

Elle sourit : le code de déontologie de son nouveau métier d'éducatrice spécialisée ne lui interdit pas communication publique, écriture, publication, pseudonyme. Elle peut aussi continuer à le pratiquer à l'hôpital public dont elle souhaite défendre ardemment les valeurs actuellement menacées.

L'écrivain se remémore à la nuit tombée, au cœur de la ville, devant des terrasses de bar chauffées, éclairées, animées, une discussion avec un homme en manteau rouge et ample qui l'a mise en garde. Inquiet, son collègue éducateur avait insisté :

– Mais fais attention ! Lui, s'il craint de tuer, s'il pense à tuer, s'il dit qu'il peut le faire, pour lui, c'est dans le réel, il peut le faire pour de vrai…

– Je le sais bien…

– Rappelle-toi que là-bas nous soignons des personnes qui ont *commis des homicides*, ils sont plusieurs dans ce cas, parmi tous les autres qui ne feraient pas de mal à une mouche. Car il y a ceux qui ne feront rien mais il y a aussi ceux qui sont connus pour leurs *tentatives d'homicide* et ceux qui risqueront toujours de passer ou repasser à l'acte…

– Je le sais et je te réponds : ce risque ne doit pas nous empêcher d'être là pour eux. Et : si je meurs, ne sois pas triste. Comme je l'ai souvent dit à ma famille avant de prendre l'avion, s'il y a un accident, dites-vous que je serai morte en allant où je voulais aller. Ce sera pareil là-bas : si je meurs, ce sera en faisant ce que je crois utile et nécessaire : soigner. Car les fous qui menacent, blessent ou tuent sont aussi des hommes qui souffrent.

Et elle s'en est allée, elle s'est éloignée ; elle a marché et elle a réfléchi : pour soigner véritablement, il s'agit, elle en est convaincue, de s'impliquer. S'impliquer pour sentir, sentir pour comprendre, comprendre pour soigner. *Sans le parfum des roses toujours arrachées avant leur éclosion. Sans magnolias au parfum enivrant dans l'âpre cour intérieure gravillonnée.*

Elle longe une avenue. Les voitures roulent le long de l'avenue. Elle roule un mot dans sa bouche. Comprendre. Le verbe roule dans sa bouche et dans son esprit. Comment comprendre le nouveau code de déontologie infirmier ?

Elle déroule une nouvelle pensée, développée par une de ses lectrices : le nouvel ordre infirmier (avec son code à la carrosserie toute neuve) se sent persécuté par ses infirmiers et ses infirmières ; il se comporte en tyran et abuse de son autorité, leur intimant un silence étrange, absurde. Attention, pas le droit de parler en public ! Surtout ne révélez pas comment vous gagnez votre vie ! Je vous le défends ! C'est top secret ! Oui, je vous l'ordonne : taisez votre métier ! Parce que vous pourriez déshonorer votre profession ! Et prenez garde, je vous surveille ! Sachez-le : c'est moi qui commande et qui punis ! Moi, l'ordre, à l'abri, dans ma position d'autorité et ma carapace de légalité…

Sa lectrice observe : et que vont devenir les revues professionnelles ? Les textes rédigés par les infirmiers ? Ne seront-ils pas étouffés par la « prudence » et la « circonspection » ?

Elle pointe le faux complot à l'œuvre car c'est lui, l'ordre tyrannique, qui détient le pouvoir : le pouvoir d'imposer le silence, le pouvoir de censure, le pouvoir de sanction. Sa lectrice lui explique également le renversement pervers. Au mécanisme connu, analysé, conceptualisé, théorisé dans de nombreux articles et ouvrages : l'agresseur coupable se présente comme la victime innocente.

Alors d'où proviendrait la menace ? De la Littérature ? Celle qui lutte, diffusée, médiatisée ? Parce qu'elle (avec son grand L) révèle au grand jour l'envers du décor que l'on souhaite tenir caché ?

Sur le mur de sa chambre, la soignante a collé une phrase relevée dans un essai célébrant la poésie ; elle l'a recopiée au feutre noir sur une feuille de papier bleu et se la répète sur l'avenue : « On n'écrit ni pour plaire, ni pour déplaire, mais pour vivre et transformer la vie. »

La nuit, dans son lit, enveloppée dans le noir et ses couvertures, la tête reposant sur l'oreiller, elle se souvient. Dans les camps d'extermination allemands, en ces temps-là (ils ne sont pas si lointains), un garde qui arracha un glaçon à un homme assoiffé qui le léchait, et qui lui demandait pourquoi, donna cette réponse : dans le camp il n'y a pas de pourquoi. Celle qui écrit s'avise qu'en vingt-six chapitres, en guère plus de vingt mille mots et vingt mille lieues loin des mers au contraire, il y a une passion pour le Y – a passion for the why.

Postface

Ce livre est
Pour l'homme aux yeux noirs
Et tous les hommes et toutes les femmes
Quelle que soit la couleur de leurs yeux de leur peau ou de leurs amours
Qui luttent au cœur de leur âme au cœur du monde avec toutes les lettres de l'alphabet contre l'oppression intérieure ou extérieure

Pas d'acacias pas de rosiers
Cette cour intérieure en gravier n'existe pas
Il n'y a pas d'homme avec une passion pour le Y
Mais comme on se plaît à le dire
La réalité dépasse la fiction

Bibliographie

Le Livre des questions, Edmond Jabès
La mort viendra et elle aura tes yeux, Cesare Pavese
Le Petit Prince, Antoine de Saint-Exupéry
Notre besoin de consolation est impossible à rassasier, Stig Dagerman
Le Prophète, Khalil Gibran
L'Instant de ma mort, Maurice Blanchot
La Communauté inavouable, Maurice Blanchot
L'Expérience intérieure, Georges Bataille
« La pluie » (dans *Les Villages illusoires*), Émile Verhaeren
Le Journal Officiel de la République française, n° 0276 du 27 novembre 2016, texte n° 44, décret n° 2016-1605 du

25 novembre 2016 portant code de déontologie des infirmiers.

Moderato Cantabile, Marguerite Duras

Si c'est un homme, Primo Levi

Vingt mille lieues sous les mers, Jules Verne

Achevé d'imprimer en janvier 2018
dans les ateliers de Normandie Roto Impression s.a.s.
à Lonrai (Orne)

N° d'éditeur : 2586
N° d'édition : 327325
N° d'imprimeur : 1705464
Dépôt légal : février 2018

Imprimé en France